윤회는 없다

윤회는 없다

초판 1쇄 인쇄일 2025년 6월 5일
초판 1쇄 발행일 2025년 6월 12일

지은이 무위 해공
펴낸이 양옥매
디자인 표지혜 송다희
마케팅 송용호

펴낸곳 도서출판 책과나무
출판등록 제2012-000376
주소 서울특별시 마포구 방울내로 79 이노빌딩 302호
대표전화 02.372.1537 **팩스** 02.372.1538
이메일 booknamu2007@naver.com
홈페이지 www.booknamu.com
ISBN 979-11-6752-641-0 (03220)

윤회는 없다

【 무위 해공 강설 】

책과나무

머리말

1998년 12월 17일, 미얀마 양곤에 위치한 마하시센터에서 위빠사나 명상을 하던 중에 무아의 깨달음이 확연하게 드러났다.

그 이전까지 26년이라는 세월 동안 종교와 수행 단체를 전전하면서 윤회는 한 치의 오차도 없는 만고의 진리 법칙이라고 확신하고 있었다. 그도 그럴 것이 부처님의 가르침으로 알려진 팔만대장경 속에는 부처님의 전생담부터 시작해서 너무도 많은 윤회 이야기가 나온다.

현대에 이르러서도 전생을 기억하는 사람들의 증언들이 쏟아져 나오고 있다. 그러니 윤회를 우주의 순환 원리로서 진리라고 믿을 수밖에 없었던 것이다.

그러나 그것은 그야말로 어리석은 중생들의 맹신에 불과하다.

윤회는 고타마 싯다르타의 위대한 깨달음인 무아연기를 이해하지 못한, 개체적 자아에 대한 집착과 종교적 맹신이 결합된 어리석음의 표출이다.

무아의 깨달음은 인간의 머리로는 해결할 수 없는, 진리라는 껍데기로 포장된 무수한 거짓 개념들을 시원하게 벗겨주었다.

개인적으로도 26년 동안 수많은 거짓 진리들에 속아 살아온 세월이 있었다.

이 세상에는 구도자들이 쉽게 빠질 수밖에 없는 함정이 도처에 깔려있지만 그중에 가장 심각한 것이 윤회사상이다.

인도의 지배계층은 기득권을 지키기 위한 정치적 장치로 윤회사상을 도입하여 자신들의 종교 안에 체계화시켰다. 피지배층들의 정신을 세뇌시켜 복종하게 만든 교묘한 술책인 것이다.

그것이 평범한 사람들의 삶과 죽음에 대한 두려움을 자극하여 윤회사상을 진리로 받아들일 수밖에 없는 선택을 하게 만들었다.

부처님의 깨달음인 무아와 연기를 정확하게 이해하면 윤회가 왜 거짓인지 명백하게 드러난다.

결론적으로 말하자면 윤회는 인간의 죽음에 대한 공포가 만들어낸 토끼뿔과 같은 환상일 뿐이다.

미얀마에서 돌아와 해공명상센터를 통해 순수진리를 가르치면서 홀로 외롭게 "윤회는 없다"고 외쳤지만 돌아오는 반응은 미친놈이라는 멸시와 야유가 대부분이었다.

그런데 요즘 불교계의 분위기가 조금씩 바뀌고 있다. 윤회가 없다고 주장하는 사람들이 눈에 띄게 늘어나고 있는 것이다.

드디어 한국 불교계에 희망이 보이기 시작했다. 그동안 너무나 오랜 세월 동안 윤회에 발목을 잡혀 있었다.

윤회의 족쇄를 벗어던지는 순간 무아연기에 대한 깨달음은 눈앞에 다가올 것이다.

윤회라는 거짓된 환상에 속아 그것을 진리라고 맹신하게 되면 참진리를 만날 수조차 없게 된다.

자신의 에고를 충족시키기 위해 수행하는 종교 맹신자가 아니라면 윤회라는 함정에서 빨리 벗어나야 한다.

순수한 진리를 추구하는 구도자들을 위해 이 책에서는

- 인도에서 윤회사상이 성립된 배경과 과정
- 윤회가 불교에 유입된 과정
- 힌두교 윤회설과 불교 윤회설의 차이점
- 윤회를 주장하는 여러 유형의 모순점
- 현대 양자역학으로 본 윤회의 허구성
- 석가모니의 깨달음 등을 다룬다.

인류 역사상 모든 전쟁은 정치와 종교의 갈등으로 일어났다. 국가간의 갈등, 지역간의 갈등, 인종간의 갈등, 이념간의 갈등, 성별간의 갈등, 가족간의 갈등, 개인간의 갈등, 이루 헤아릴 수 없는 문제들의 대부분이 정치이념과 종교사상의 대립으로 발생했다.

현재 국내의 상황을 보아도 알 수 있듯이, 사람들이 양극단으로 나뉘어 끝이 없는 싸움을 벌이고 있다. 예로부터 지혜로운 사람은 여럿이 모인 자리에서 종교와 정치이야기를 하지 않는다고 했다. 반드시 편이 갈라져서 평소에 친하게 지내던 사람끼리도 싸우게 되는 일이 발생하기 때문이다.

진리가 종교화되면 정치에 이용당하게 되고, 그렇게 되면 인류의 갈등을 초래하게 된다. 순수진리는 어떠한 경우에도 종교나 정치에 이용당해서는 안된다.

개인이든지, 단체든지, 국가든지, 그 무엇의 목적을 달성하기 위해서 진리를 오염시켜서는 안된다.

진리는 순수해야 한다.

석가모니 붓다의 가르침이 오랜 세월 전해오는 동안 변질되고 훼손되어서, 방향을 잃고 헤매는 이 땅의 모든 구도자들에게 이 작은 지침서가 올바른 방향을 알려주는 등대가 되기를 바란다.

이 책이 나오기까지 수고한 모든 분들, 특히 바쁜 일상 속에서도 정성을 다해 무주상보시의 마음으로 위타인설해 준 사랑하는 제자 장성민, 이성룡, 박창규, 최현택, 박병수, 임대오, 김아정, 홍성희, 황용선, 이윤석, 황호식, 권진영, 박선희, 강재훈, 오태용, 서이정, 맹승민, 최순환, 박성혜에게 고마움을 전한다.

을사년 어느 봄날

무이 해공

차례 • • • •

제1장

윤회는
달콤한 유혹이다

윤회는 명확한 근거나 증거가 없음에도 불구하고 고대에서 현대까지 많은 사람들의 정신세계에 커다란 영향을 미치고 있다. 현대 이전에는 사회적, 종교적 통제 도구로써 주로 기능하였다면, 지금은 심리적 치유와 영적 갈망을 충족시키는 수단으로 상업적으로 소비되고 있다. 시대에 따라 여러 가지 역할을 하며 다양한 형태로 진화해 온 윤회사상이 사람들에게 어떤 믿음과 신념을 키우게 했는지 살펴보면서 진리와 윤회의 모순점을 알아보고자 한다.

윤회는 함정이다

다음 생은 존재하지 않는다고 단언하는 현실주의자들조차
도 전생 이야기에 흥미를 보이는 이유는 무엇일까?

사람들은 왜 '전생에 나는 누구였을까?'라는 질문을 흥미롭
게 받아들이며, 몽상 같은 이야기 속으로 빠져드는 걸까? 아
마도 윤회가 단순한 철학적 개념을 넘어, 우리 마음 깊은 곳
의 욕망과 두려움을 건드리는 강력한 힘을 지니고 있기 때문
일 것이다.

윤회는 단순히 하나의 교리가 아니다. 그것은 인간의 삶을
거대한 이야기로 엮어내는 마법 같은 매력을 지닌다. '지금
내가 이런 고통을 겪는 이유는 무엇일까?' 라는 질문에 윤회
는 명쾌한 해답을 제시한다.

'그건 전생의 업보 때문이야. 하지만 걱정 마, 이번 생에서 선하게 살면 다음 생은 분명 더 나아질 거야.'

이렇게 윤회는 우리가 납득할 수 없는 고통에 의미를 부여하고, 더 나은 미래에 대한 희망을 안겨준다.

고통을 감수해야 할 이유가 생기고, 삶을 계속 이어나갈 힘을 얻을 수 있다면, 그 믿음이 참이든 거짓이든 무슨 상관이겠는가? 결국 중요한 건, 우리가 고달픈 현실을 살아갈 수 있도록 돕는 신념이라는 생각이 든다면, 윤회는 그런 의미에서 강력한 정신적 보상 장치로 작용한다.

❀ 우리는 왜 전생 이야기에 끌리는가?

인간은 자신에 대해 알고 싶어 하는 존재다. '나는 누구인가?'라는 질문은 단순한 철학적 호기심에서 비롯되지 않는다.

우리는 나라는 존재의 의미를 알고 싶어 한다. 전생 이야기는 이러한 물음에 한 편의 흥미진진한 서사처럼 그럴듯한 답을 준다.

'지금의 네가 이렇게 된 이유는 전생의 삶 때문이다.'

이 얼마나 설득력 있고, 매력적인 이야기인가?

누군가는 전생에 왕족이었다고 상상하며 지금의 평범한 현실을 달랜다. 또 누군가는 전생에 수많은 사람을 구제한 성직자였다고 믿으며 자신의 도덕적 정체성을 강화한다.

전생 이야기는 우리가 현재의 자신을 이해하고, 때로는 위로받을 수 있는 안전한 도피처가 된다.

더 나아가, 전생 이야기는 인류가 상상했던 것 가운데 가장 오래된 형태의 시간 여행이다.

윤회는 과거와 현재, 그리고 미래를 하나로 엮는 환상이다. 그리고 그 환상은 때로는 너무나도 달콤하다.

윤회는 고통을 단순히 불행한 우연으로 치부하지 않게 한다. 이 고통에는 이유가 있다고 믿는 것만으로도 우리는 위로 받고 안정된다.

또한 윤회는 우리가 감당하기 힘든 순간에도 참고 나아갈 수 있는 작은 희망이 되어 준다. '이 생의 고통을 잘 견뎌 내면, 다음 생은 더 나아질 것이다.' 이런 속삭임은 삶의 고난 속에서도 한 줄기 빛을 던져 준다.

윤회는 삶을 선과 악의 도덕적 인과체계로 바라보게 만든다. 이 믿음 속에서 지금의 모든 선택과 행동은 미래생에 직접적인 영향을 미친다. '이제라도 좋은 일을 하면, 다음생은 더 나은 삶을 살 수 있을 거야.' 이런 생각은 우리가 일상에서 내리는 사소한 결정조차도 미래와 연관된 특별한 의미를 갖게 한다. 우리가 지금보다 더 나은 사람이 되고 싶게 만든다.

✿ 윤회는 에고를 강화한다

윤회는 마치 정교하게 짜인 이야기 구조와 같다. 시작(전생), 전개(현생), 결말(내생)이라는 구조는 우리에게 낯설지 않다. 우리는 태어나서 삶을 살아가며, 결국 죽음을 맞는다.

윤회는 이런 자연스러운 순환에 의미라는 옷을 입혀 우리의 삶을 하나의 거대한 드라마로 만든다.

그러나 이 매혹적인 이야기 속으로 깊이 빠지기 전에, 우리는 질문을 던져야 한다. 과연 이 이야기가 진리인가, 아니면 인간이 만든 또 하나의 환상일 뿐인가?

윤회가 주는 위안과 희망은 강렬하다. 하지만 그 위안이 혹시라도 진리를 가리는 안개가 되고 있다면, 우리는 어디로 가게 되는 걸까?

윤회 이야기는 듣기에는 매력적이다. 하지만 만약 진리를 찾고자 하는 사람이라면, 이 이야기 자체에만 빠지지 말고 그것을 지탱하는 뿌리를 탐구해야 한다.

윤회의 개념을 당연하게 받아들이는 사이, 본질적인 질문을 놓치고 있지는 않은지 살펴야 한다.

윤회가 엄연한 사실이라 인정한다 하더라도 정작 그 윤회를 누가 하고 있는가? 라는 질문을 해야 한다.

윤회는 단순한 교리나 철학적 개념을 넘어 사람들을 설득하고 통제하는 강력한 종교적 도구 중 하나였다.

인류가 '왜 살아야 하는가?' 라는 본질적인 질문을 던지기 시작한 순간부터, 종교는 그 질문에 답하려 했다.

하지만 사람들에게 왜 그렇게 살아야 하는지를 설득하려면, 그 답은 막연한 논리나 권위적인 것만으로는 부족했다.

윤회는 바로 이런 필요를 충족시키는 매력적인 서사였다. 사람들의 행동을 통제하고 도덕적 질서를 유지하며, 심지어 정치적 권위를 정당화하는 데 윤회는 강력한 힘을 발휘했다.

❀ 종교는 왜 윤회를 선택했는가?

고대 인류에게 삶은 이해할 수 없는 사건들의 연속이었다. 왜 태풍이 불고 비가 내리는지, 왜 지진이 일어나고 흉년이 드는지, 왜 해가 뜨고 지는지, 왜 나는 고통받는지 알 수 없는 상황에서 종교는 이에 대한 답을 제시할 수 있었다.

그것은 바로 신의 뜻이었다. 하지만 신의 섭리만으로는 부족했다. 이 개념은 세상의 원리를 복잡하지도 어렵지도 않게 설명할 수 있었지만, 사람들의 행동을 직접적으로 통제하는 데는 효과적이지 않았다.

이에 비해 윤회는 훨씬 더 강력한 메시지를 전달할 수 있었다. 단순히 지금의 고통은 신의 뜻이라고 말하는 것보다, '네가 전생에 잘못했기 때문이다. 그리고 지금의 행동이 다음 생에 영향을 미칠 것이다.' 라는 설명은 훨씬 더 설득력이 있었다.

윤회는 인간의 삶에 대한 단순한 설명이 아니라, 사람들에게 도덕적 행동을 유도하고 강요하는 정교한 메커니즘이다.

윤회가 사회적 통제의 도구로 사용된 대표적인 사례는 힌두교의 윤회사상과 카스트 제도에서 찾아볼 수 있다.

힌두교는 영혼(아트만)과 업(카르마), 궁극적으로는 해탈(모크샤)에 도달하는 것에 대해서 가르친다.

그러나 이 윤회론은 단순히 개인의 영적 성장만을 위한 개념이 아니었다. 오히려 카스트 제도라는 엄격한 계급 체계를 정당화하는 강력한 논리로 작용했다.

이러한 가르침은 하위 계급의 사람들로 하여금 현실의 불평등을 운명으로 여기고 순종하게 만들었다. 저항은 악한 업을 쌓는 행위로 간주되었고, 이는 다음 생에서도 나쁜 삶이 반복될 것이라는 두려움을 심어주었다.

결과적으로 윤회는 영적 가르침을 넘어, 사회적 통제를 용이하게 하고 지배, 피지배 관계를 정당화시키는 강력한 수단이 되었다.

모든 유혹에는 목적이 있다

윤회는 그 자체로 강렬한 매력을 지닌 개념이다.

삶과 죽음을 하나의 이야기로 엮고, 인간의 고통에 대하여 그럴듯하게 설명하며, 더 나은 미래에 대한 희망을 약속하기 때문이다.

그러나 이 매혹적인 개념은 그 이면에 특정한 목적을 가지고 있다. 윤회는 개인의 신념을 넘어 사회적, 정치적 도구로 사용되어 왔다.

힌두교에서는 카스트 제도의 정당성을 유지하고, 티베트 불교에서는 지도자의 권위를 강화하는데 사용되었으며 현대에서는 상업적 성공을 위한 마케팅 수단으로까지 활용된다.

윤회는 시대와 문화적 맥락에 따라 다채롭게 변모하면서,

사람들의 행동을 통제하거나 특정한 방향으로 유도하는 역할을 해왔다.

윤회 뒤에는 항상 누군가의 의도가 숨겨져 있었다. 시대와 장소에 따라 그 양상은 달라졌지만 특정한 이익과 권력을 추구하는 방향으로 작동했다.

✿ 고대 윤회설의 탄생

윤회의 개념은 고대 사회에서 우주와 인간 존재를 설명하려는 시도에서 비롯되었다.

당시 사람들은 인간의 삶을 자연 현상의 순환적 리듬과 연결하여 이해했다. 계절의 변화, 해와 달의 주기, 생명의 탄생과 죽음 등 자연의 순환은 인간 삶의 순환적 구조와 맞닿아 있었다.

이러한 세계관은 윤회사상의 토대가 되었으며, 인간의 생과 사를 단절된 사건이 아닌 하나의 거대한 순환 속 일부로 이해하는 의미 체계를 형성했다.

고대에서 시작된 윤회는 시대를 거치며 변모했지만, 언제나 인간의 믿음을 움직이는 강력한 힘을 지녔다. 그것은 도덕적 규범을 제공하고, 사회적 질서를 유지하며, 종교적 권위를 정당화하는 데 중요한 역할을 했다.

윤회는 단순한 철학적 개념에 그치지 않고, 시대를 초월하여 인간 사회의 중심 사상으로 자리 잡아왔다.

❀ 중세 통치를 위한 윤회설의 확산

중세는 종교가 인간의 삶과 죽음을 강력하게 통제한 시대였다. 이 시기 인도와 중국 등의 동양에서 윤회 개념은 다양한 종교적 맥락에서 도구적으로 활용되었으며, 각 사회의 구조와 요구에 따라 변형되고 재해석되면서 독자적인 발전을 이루었다.

유럽과 중동의 기독교와 이슬람에서는 윤회가 공식 교리로 받아들여지지 않았지만, 초기에는 일부 신비주의자들 사이에서 논의되기도 했다.

그러나 결국 기독교는 윤회 개념을 배제하고, 단일한 생애와 사후 심판을 강조하는 방향으로 교리를 정립하였다.

이를 통해 종교적 권위를 신과 교회에 집중시키며, 교리의 일관성을 유지하고 신학적 권위를 확립하고자 했다.

기독교 신비주의자 오리게네스는 윤회 개념을 인정했지만, 이 사상은 결국 교회에 의해 이단으로 단정되었다. 이는 기독교가 윤회 대신 천국과 지옥이라는 직선적 구원 개념을 선택한 단면을 보여준다.

✸ 근·현대 결국 상업화된 윤회설

근대에 이르러 윤회는 종교적 통제의 도구에서 벗어나, 개인의 영적 성장과 치유의 수단으로 재해석되었다.

종교적 권위가 약화되면서, 윤회는 더 이상 사회적 억압을 정당화하는 개념이 아니라, 개인의 내적 탐구와 영적 자유를 상징하는 개념으로 변화하였다.

심리학과 결합된 윤회 개념은 전생 체험이라는 형태로 등장하여, 심리적 치유와 트라우마 해소에 활용되었다.

최면 치료를 통해 전생의 기억을 떠올리는 프로그램들이 인기를 끌었으며, 이는 상업적으로도 성공하면서 새로운 영적 시장을 형성했다.

　근대 이후 윤회는 더 이상 계급이나 종교적 권위를 정당화하는 도구가 아니라, 개인의 영혼 탐구와 자유로운 선택을 상징하는 개념으로 자리 잡았다.

　이는 윤회가 인류의 철학적 유산을 넘어, 현대인의 심리적 필요와 영적 갈망을 충족시키는 새로운 형태로 진화했음을 보여준다.

　한편, 서구 세계에서 윤회는 블라바츠키 여사의 신지학 운동을 통해 다시 주목받기 시작했다. 그녀는 동양 철학을 서구에 소개하며, 윤회사상을 영혼의 성장과 우주의 질서를 설명하는 핵심 개념으로 정립했다.

　이로 인해 윤회는 서구인들에게 동양적 세계관의 매력을 전달하는 매개체가 되었으며, 철학적·영적 논의의 새로운 틀을 제공했다.

　특히, 현대에 들어 윤회는 더 이상 종교적이거나 철학적인 개념에 국한되지 않고, 대중문화와 상업화된 영적 콘텐츠로 재탄생했다.

　윤회는 특정 종교나 사상의 경계를 넘어, 현대인의 심리적 요구를 충족시키는 도구로 기능하고 있다.

당신의 전생을 발견하라는 메시지는 베스트셀러 서적, 강연 프로그램, 워크숍 등을 통해 대중화되었다.

윤회는 현대인들에게 자신의 정체성을 탐구하고 내적 상처를 치유하며 개인적 성장을 이루는 수단으로 자리 잡았다.

이는 윤회가 더 이상 신성한 종교 교리의 일부가 아니라, 개인의 영적 욕구를 충족시키는 상품으로 변모했음을 보여준다.

또한, 윤회는 현대 영화와 소설에서도 자주 등장하며, 삶과 죽음의 의미를 탐구하는 서사적 장치로 활용되고 있다. 영화 속에서 윤회는 주인공의 성장, 업보의 해소, 혹은 삶의 순환을 이야기하는 도구로 사용된다.

이러한 작품들은 윤회의 개념이 여전히 인간의 상상력을 사로잡고 있으며, 현대 사회에서도 강력한 상징으로 작용하고 있음을 보여준다.

윤회는 단순한 철학적 사고나 종교적 교리를 넘어, 대중의 심리적 갈망과 문화적 표현의 중심으로 자리 잡았다. 이는 윤회가 인간의 근본적인 질문에 대해, 시대와 환경에 따라 언제나 새로운 방식으로 해답을 주는 매력적인 개념임을 입증한다.

윤회가 진리라면 왜 비논리적인가?

　윤회는 단순히 매력적이고 위안이 되는 관념을 넘어서, 오랜 세월 동안 많은 사람들이 진리라고 믿어 온 종교적 기둥으로 자리잡았다.

　그러나 윤회가 진리라면 논리적으로 결함이 없어야 한다. 진리를 판단할 때 그것이 얼마나 일관되고 모순이 없는지, 그 근거가 무엇인지 세심하게 살펴봐야 한다.

　하지만 윤회를 면밀히 살펴보면, 그 구조에는 많은 논리적 결함과 모순이 숨어 있다. 지금부터 윤회가 진리로 성립하기 어려운 이유를 구체적이고 실질적인 관점에서 살펴보고자 한다.

❀ 누가 윤회하는가?

윤회는 전생에서 현생, 그리고 내생으로 이어지는 '나'라는 주체를 전제로 한다. 즉, 윤회는 나라는 존재가 여러번의 생애를 거치면서 계속해서 존재한다고 주장한다.

그러나 중요한 질문은 나라는 주체가 정확히 무엇인가? 라는 것이다. 윤회를 주장하는 이들은 보통 영혼이나 자아가 윤회의 주체라고 말하지만, 나라는 개념에 대한 명확한 설명은 될 수 없다.

불교의 중심 가르침인 무아(無我)는 나라는 존재가 실체가 아니라, 오온(五蘊, 색수상행식)의 조합에 불과하다고 설명한다.

즉, 나라는 고정된 자아는 존재하지 않으며, 모든 것은 끊임없이 변화하는 현상에 불과하다는 주장이다.

따라서 나라는 고정된 자아의 존재를 전제로 하는 윤회 개념은 불교의 무아에 대한 가르침과 충돌한다.

'나라는 고정된 존재가 없다면, 윤회는 무엇을 전제로 하는가?' 이 질문에 대한 답을 찾기 어려운 점이 윤회의 근본적인 문제로 떠오른다.

주체가 없는 상태에서 윤회는 그 자체로 설명할 수 없는 개념이 된다.

윤회는 내가 전생에서 한 행위가 현생에 영향을 미친다고 주장한다. 과거의 행위가 현재의 삶에 영향을 미친다는 업보(業報)의 개념은 윤회의 중요한 축을 이룬다. 하지만 이 주장에도 논리적인 의문이 존재한다.

전생과 현생을 이어주는 연속성의 문제는 큰 의문으로 다가온다. 윤회를 믿는 사람들은 전생에서 한 행위가 현재 삶에 영향을 미친다고 하지만, 중요한 문제는 우리가 전생을 기억할 수 없다는 점이다.

기억의 단절이 존재하는 한, 전생과 현생 사이의 연속성을 어떻게 증명할 수 있는가?

예를 들어, 내가 전생에서 심각한 죄를 지었다고 가정했을 때, 그 기억이 없다면 현재의 나는 그 죄와 어떤 관계가 있는가? 기억의 단절은 과거의 업을 현재와 연결시키는 논리를 무너뜨린다.

업보의 결과를 받는다고 주장하지만, 기억의 단절로 인해 그 관계는 모호해진다.

만약 기억이 없다면, 나는 과거의 행동과 어떠한 연결고리도 형성할 수 없게 된다. 따라서 업의 결과가 나에게 미친다는 논리는 설득력을 잃게 된다.

윤회는 죽음을 넘어서는 삶을 설명하려는 시도이다. 죽음 후에 다시 태어나면서 삶이 연속적으로 이어진다고 설명된다.

그러나 생과 사의 경계에서 무엇이 계속되고, 무엇이 끊어지는지에 대한 명확한 구분은 없다. 어떤 부분의 특성이 계속 존재하며, 어떤 부분은 사라지는가?

이 질문은 윤회를 이해하는 데 중요한 요소가 되며, 그 해답은 여전히 불분명하다. 윤회가 말하는 연속성은 단지 생의 반복에 지나지 않는 것일까, 아니면 더 깊은 의미를 가진 존재가 계속해서 이어지는 것일까?

이 문제는 윤회를 구성하는 핵심적인 요소 중 하나로, 그 해답은 여전히 불분명하지만 우리가 이해하는 시간과 존재의 개념을 어떻게 확장하거나 변화시킬 수 있는지에 대한 근본적인 질문을 던진다.

❀ 과거 현재 미래는 없다

윤회는 전생에서 현생, 그리고 내생으로 이어지는 일직선
적인 시간 구조를 전제한다.

즉, 윤회는 시간의 흐름에 따라 과거, 현재, 미래가 순차적
으로 연결되며, 이는 각 생이 시간적 순서 안에서 연결된다
는 개념을 바탕으로 한다.

하지만 현대 물리학과 깨달음의 관점에서는 시간이 그렇게
단순하지 않다는 사실이 드러났다.

아인슈타인의 상대성이론과 양자역학은 시간이 단순히 일
방향으로만 흐르는 것이 아님을 입증하였다.

상대성이론에서는 시간과 공간이 서로 얽혀 있으며, 관측
자의 위치와 속도에 따라 시간이 각기 다르게 흐를 수 있음을
보여준다.

또한, 양자역학은 과거와 현재, 미래가 동시에 존재할 수
도 있음을 시사한다.

이는 우리가 일반적으로 경험하는 시간의 흐름이 실재하는
것이 아니라, 인간의 주관적 인식에 불과할 수도 있다는 점
을 암시한다.

만약 시간이 동시적으로 존재한다면, 윤회에서 말하는 전생과 현생, 그리고 내생의 명확한 구분 자체가 의미를 잃게 된다.

시간이 더 이상 일직선으로 흐르는 것이 아니라면, 윤회가 전제하는 시간적 순서와 연결성은 그 자체로 성립하기 어려워진다.

따라서 윤회가 선형적 시간 개념에 뿌리를 두고 있다는 점은 논리적으로 큰 약점이 될 수 있다.

불교에서 깨달음은 비시간적 진리로 여겨진다. 시간이라는 개념 자체가 환상이라면, 윤회는 시간이라는 구조에 의존하는 한 깨달음의 본질과 충돌할 수밖에 없다.

윤회의 개념은 시간이 흐르는 것이 필수적이라는 전제를 두지만 깨달음은 시간을 초월하는 상태를 의미하므로, 윤회는 비시간적 진리와 서로 맞지 않는 개념이 된다.

석가모니는 연기법을 통해 모든 현상이 서로의 조건에 의해 존재한다고 가르쳤다. 즉, '과거 업이 미래를 결정한다.'는 시간적 인과 관계는 연기의 관점에서 성립하지 않는다.

연기법에서는 '이것이 있으므로 저것이 있다.'는 동시적 상호의존성을 강조하며, 시간적 순서를 초월하는 차원에서 바

라본다. 따라서 윤회에서 주장하는 과거-현재-미래의 연속

성은, 연기법의 핵심적인 이해와 어긋날 수밖에 없다.

윤회는 시간이라는 개념을 기반으로 하지만, 연기법에서는

시간을 뛰어넘는 상호작용이 더 중요하게 다뤄진다.

⊛ 업보라는 것은 없다

윤회는 업(행위의 결과)이 전생에서 현생으로, 그리고 내생

으로 이어진다고 주장한다.

즉, 과거의 행위가 그에 상응하는 결과를 가져오며, 이는

전생, 현생, 내생에 걸쳐 끊임없이 영향을 미친다고 한다.

그러나 업보라는 개념은 여러 가지 철학적 난제를 야기하고

있다.

윤회에서 업은 전생에서 지은 행위의 결과가 현생으로 이

어진다는 원칙을 따른다. 그렇다면 업은 정확히 어떻게 저장

되고 전달되는가?

이 중요한 질문에 대한 명확한 설명은 부족하다. 불교 철학

에서 업의 저장소로 자주 언급되는 아뢰야식(阿賴耶識)은, '자

아는 존재하지 않는다.'고 가르치는 무아(無我)의 진리와 충돌한다.

업이 어딘가에 저장된다고 가정하면, 이는 결국 고정된 실체(영혼)의 존재를 전제하는 것과 다름없다.

하지만 불교에서 가르치는 무아의 진리는 그러한 실체적 자아를 인정하지 않는다.

따라서 업이 어떻게 저장되고 전달되는지에 대한 설명이 모호한 점은, 윤회 이론에서 피해 갈 수 없는 논리적 문제로 남는다.

✿ 지역에 따라 윤회 방식이 다르다

윤회는 전 세계 다양한 문화권에서 널리 나타나지만, 그 내용은 제각각 다르게 해석되며, 지역적이고 문화적인 영향을 크게 받는다. 이는 윤회가 보편적인 진리로서 성립하기 어려운 이유 중 하나가 된다.

윤회의 개념은 문화에 따라 각기 다른 방식으로 이해된다. 예를 들어, 서양에서는 윤회를 주로 개인의 전생과 다음 생의 성장 이야기로 해석하는 경향이 강하다.

반면, 동양에서는 윤회가 개인의 업보를 넘어, 집단적 업과 사회적 질서를 강조하는 방식으로 설명된다. 윤회의 작동 원리와 해석이 문화마다 다르게 나타난다면, 윤회는 보편적 진리라기보다는 각 지역과 시대의 필요에 따라 변형된 개념일 가능성이 크다.

또한, 윤회는 종종 신화적 서사와 결합하여 사람들에게 더 매력적으로 전달된다.

신화적 요소는 윤회의 개념을 더 신비롭고 흥미롭게 만들지만, 동시에 윤회의 진실성을 의심하게 만들기도 한다.

신화적인 서사는 각 문화와 시대의 상징적인 표현일 수 있으며, 이를 변함없는 진리로 받아들이는 것에는 문제가 있을 수 있다.

윤회가 신화적 요소와 결합되는 과정에서 그 본래의 철학적 의미가 희석될 수 있음을 경계해야 한다.

윤회를 믿는 한 깨달을 수 없다

윤회는 단순히 생과 사를 넘나드는 이야기가 아니라, 우리의 고통과 삶의 부조리에 의미를 부여하며, 죽음 이후의 삶을 약속한다. 그러나 윤회를 사실로 받아들이는 순간, 눈앞에 펼쳐진 진리를 지나쳐 버릴 위험에 처한다.

윤회는 과거와 현재, 미래라는 시간적 관념 위에 세워진다. 전생에서 무언가를 했기 때문에 지금의 내가 있고, 다음 생에는 더 나아질 수 있다는 믿음은 우리의 의식을 끊임없이 과거와 미래로 끌고 간다.

그러나 우리의 존재는 과거에도 없고, 미래에도 없다. 진리는 오직 지금 여기에만 존재한다.

윤회를 믿는 순간, 지금 이 순간의 생생한 진리를 외면하고 환상 속을 헤매게 된다. 윤회를 믿으면 반드시 전생의 업보라는 이름의 족쇄에 갇히게 된다. 이 생은 전생의 결과라는 말은 스스로를 과거의 노예로 만든다.

윤회는 미래에 대한 달콤한 약속으로 우리를 유혹한다.

이 얼마나 매력적인가?

그러나 이 약속은 마치 무지개처럼 손에 잡히지 않는다. 윤회는 미래라는 허상을 보여주면서, 우리를 지금 여기에서 멀어지게 한다.

윤회는 언뜻 보면 자아를 정화시키는 것처럼 보이지만, 실상은 그 반대다. 윤회는 나라는 존재를 끊임없이 강화한다. '나는 전생에도 존재했다. 나는 현재도 존재한다. 나는 다음 생에도 존재할 것이다.'

이러한 믿음은 나라는 자아를 끝없이 연장시킬 뿐이다. 그러나 깨달음은 나라는 에고를 해체하는 것이다.

윤회는 구도자를 속이는 이야기다. 그것은 진리를 말하는 것처럼 보이지만, 사실은 환상을 강화한다. 윤회를 믿는 것은 물속에 비친 달을 잡으려는 것과 같다. 표면 위로 반짝이는 빛을 보고 손을 내밀지만, 결국 잡히는 것은 물거품뿐이다.

진리는 달 자체이지, 물에 비친 그림자가 아니다.

한 구도자가 자신의 고통을 이해하기 위해 길을 떠났다. 그는 첫 번째 마을에서 이렇게 배웠다. "너의 고통은 전생에서 온 것이다." 두 번째 마을에서는 이렇게 배웠다. "너의 고통은 다음 생을 위한 교훈이다."

그러나 세 번째 마을에서 그는 드디어 참 스승을 만났다. 그곳의 스승은 이렇게 말했다. "너는 전생과 다음 생을 쫓아다니느라 지금 여기의 고통과 대면하지 못하고 있다. 전생과 다음 생은 잊고, 지금의 고통을 직시하라."

이 이야기는 우리에게 어떤 교훈을 주는가? 윤회는 우리가 고통의 원인과 본질을 이해하도록 하는 대신, 그것을 과거와 미래라는 망상 속으로 밀어 넣는다.

진정한 구도자의 길은 고통을 외면하지 않고, 그것과 정면으로 마주함으로써 시작된다. 윤회는 이 근본적인 대면을 가로막는 가장 큰 장애물이다.

구도자가 윤회를 믿는 가장 큰 이유는 그것이 삶을 잘 설명해준다는 것이다. '내가 왜 고통받는가?' '내 삶에 무슨 의미가 있는가?' 이러한 질문에 윤회는 쉽게 답을 준다.

그러나 진리는 결코 쉬운 답으로 다가오지 않는다. 진리는 질문에 답을 주는 것이 아니라, 질문 자체를 넘어서는 것이다.

깨달은 스승들은 이렇게 말한다. "진리를 향해 가기 위해서는 모든 것을 내려놓아야 한다. 윤회에 붙잡혀 있는 한, 진리로 나아갈 수 없다."

구도자의 질문은 더 깊어야 한다.

나는 무엇인가?

이 고통의 본질은 무엇인가?

진정한 자유는 어디에 있는가?

윤회를 붙들고 있는 한, 이 질문들에 대해서 결코 답을 얻을 수 없다. 윤회를 믿으면 고통과 자유의 표면만을 더듬을 수 있을 뿐, 그 본질에는 다가갈 수 없다.

고통의 본질은 욕망과 집착이다. 그리고 자유는 거기에서 벗어날 때 비로소 얻어진다.

윤회에 대한 맹신은 전생에 대한 집착, 업보에 대한 집착, 미래 생에 대한 집착을 강화한다. 그러나 진리는 모든 집착을 내려놓으라고 말한다.

지금 이순간 나라는 집착만 내려놓으면, 이미 자유롭다.

제2장

윤회는
힌두교 사상이다

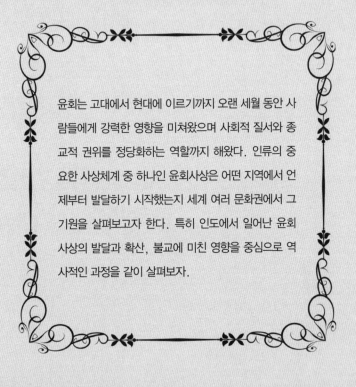

윤회는 고대에서 현대에 이르기까지 오랜 세월 동안 사람들에게 강력한 영향을 미쳐왔으며 사회적 질서와 종교적 권위를 정당화하는 역할까지 해왔다. 인류의 중요한 사상체계 중 하나인 윤회사상은 어떤 지역에서 언제부터 발달하기 시작했는지 세계 여러 문화권에서 그 기원을 살펴보고자 한다. 특히 인도에서 일어난 윤회사상의 발달과 확산, 불교에 미친 영향을 중심으로 역사적인 과정을 같이 살펴보자.

윤회는 지배를 위해 만들어낸 개념이다

인간에게 죽음은 도저히 풀 수 없는 수수께끼였다. 그렇기에 죽음 이후의 상황은 그저 상상할 수밖에 없었다.

고대 인류는 자연의 주기적인 변화와 순환을 통해 죽음 또한 끝이 아닌 또 다른 시작일 수 있다고 믿었다. 죽음은 사라짐이 아니라 어딘가로 이어지는 과정이라고 생각한 것이다.

고대의 인간이 자연에서 배운 것은 재생과 순환이었다. 나무는 가을에 잎을 떨어뜨리지만, 봄이 되면 다시 새싹을 틔운다. 강물은 흘러서 바다에 도착하지만, 그 물은 다시 증발해 구름이 되어 비로 내린다.

죽음과 재생은 자연의 섭리이다. 이런 자연적 순환은 인간도 다시 태어날 수 있다는 상상을 불러 일으켰다.

윤회는 특정한 시대나 문화권에만 머물지 않는다. 오래 전부터 다양한 지역과 문화 속에서 모습을 바꿔가며 등장해 왔다.

고대 철학에서도, 종교적 사유 속에서도, 윤회는 인간의 상상력을 자극해 왔다. 환생이나 윤회는 여러 고대 문화에서 그 나름의 존재감을 드러내며, 삶과 죽음에 대한 설명을 했다.

고대 이집트인들은 영혼이 죽음 이후에 심판을 받고 다음 세계로 간다고 믿었다. 특히 오시리스 신화는 죽음을 넘어 부활하는 생명을 상징하며, 영혼의 불멸성을 강조했다.

고대 그리스의 오르페우스교에서는 윤회를 인간 영혼이 신성과 재결합하는 과정으로 보았다. 플라톤은 인간의 영혼은 불멸하며, 삶과 죽음을 반복하면서 순수한 진리를 깨달아간다고 주장했다.

그는 영혼이 여러 생을 통해 배움을 거듭한다고 말하며, 도덕적 성장이 윤회의 본질이라고 설명했다.

켈트족과 북유럽에서는 영혼이 죽음을 넘어 새로운 삶을 산다고 믿었다. 이는 자연과의 연결 속에서, 삶이 끝없이 이어진다는 생각으로 이어졌다.

여러 문화권에서 발생한 윤회라는 개념의 뿌리에는 자연의 순환과 죽음에 대한 두려움이 있었다. 삶이 한 번으로 끝나지 않는다면, 죽음은 두려운 것이 아니라 또 다른 시작이 될 수 있었다.

한편, 인도에서의 윤회 개념은 힌두교와 불교를 통해 체계적으로 발전했지만, 그 뿌리는 훨씬 오래전 드라비다족의 신앙에서 찾아볼 수 있다.

지금으로부터 4600년 전 인도지방에는 인더스 문명이 존재하였다. 인더스 문명은 세월이 지나면서 쇠퇴하였고, 이 틈을 노려 중앙아시아에서 말과 마차를 이끌고 인더스 지역으로 이주해 들어온 종족이 있었다.

이들이 바로 아리안이다. 이들은 중앙아시아에서 살던 사람들, 즉 말 타고 양떼를 몰면서 떠돌아다니는 유목민들이었다.

아리안이 살던 땅은 워낙 메말라서 농사를 지을 수가 없었다. 정착이 어려운 특성상 이동 수단이 발달했는데, 그때 그들이 발명한 것이 바로 마차였다.

아리아인들은 말에다가 마차를 장착시켜서 인도로 왔고, 마차에 타고서 칼과 창을 휘둘렀다. 원주민들은 기동성 측면에서 상대가 되지 않았다.

인도의 원주민들의 숫자가 훨씬 더 많았음에도 불구하고 숫자가 적은 아리안족들이 인도를 점령할 수 있었던 획기적인 무기가 바로 마차였던 것이다.

인도 국기 한가운데에는 마차 바퀴가 있다. 이 마차 바퀴가 지금까지도 인도에서 가장 중요한 상징이 되었다. 윤회설과 마차 바퀴가 이렇게 연결되는 것이다.

어떤 이념이나 사상이 하나 나오려면 아주 오랜 세월의 상호작용에 의해서 나오는 것이지, 그냥 어느 날 갑자기 나오는 것이 아니다.

인더스강 유역까지 내려온 아리아인들은 서서히 지역을 확장해 나가며 갠지스강이 있는 동쪽으로 이동했다. 이렇게 아리아인들이 인도 북부를 전부 점령하게 되자 그곳에 살고 있던 원주민들은 남쪽으로 밀려나게 된다.

그렇게 인도 남부에 정착하게 된 원주민들을 후대에는 드라비다 족이라고 부른다.

재미있는 사실은 이 아리아인들에게는 윤회나 환생 같은 개념이 없었다. 아리안은 원래 유목민이었기에 날씨에 민감해서 하늘을 관찰하는 점성술이 발달했다. 지금으로 말하자면 천문학이다.

그런데 이 아리안족들이 인도에 와서 보니까 원주민들의 원시 신앙 체제에 아주 기초적인 윤회설이 있었던 것이다.

지금의 힌두교인 그 당시 브라만교가 이렇게 오랜 세월 동안 망하지 않고 자리를 잡을 수 있었던 이유가 여러 가지 있겠지만, 그중에서 가장 중요한 것 하나만 꼽아보라고 한다면 바로 포섭주의다.

아리아인들이 인도를 점령하고 보니까 자기들하고 문화가 완전히 달랐다. 믿는 종교도 다르고 모든 것이 다 달랐다. 그런데 이 아리안족이 드라비다족을 자신들의 종교와 정치적 틀로 끌어들이려면 포섭을 해야 했다.

그래서 원주민들이 가지고 있던 신앙 체계를 흡수해 버린 것이다. 힌두교 하면 제일 먼저 생각나는 게 신이 많다는 것이다.

인도가 땅이 크니까 각 지역마다 믿는 신이 다 다른 것이다. 그러면 다 받아들여줘야지 누구는 되고, 누구는 안 되고 차별하면 포섭주의가 아니게 된다.

그래서 인도를 가보면 알겠지만 인도 사람들이 가장 많이 쓰는 단어가 'No problem'이라고 한다. 어떤 신을 섬기든지 문제가 되지 않는다.

다만 힌두교의 전통 안에 들어오면 된다는 것이다. 안 될 것이 아무것도 없다. 이것이 무서운 것이다.

아리안족들의 포섭주의는 오늘날 전 인도를 종교적으로, 정치적으로 통일시킬 수 있었던 가장 큰 원동력이었다.

이렇게 아리아인들이 원주민인 드라비다족의 토착 신앙이었던 윤회설을 받아들였다.

기존의윤회설은 자연 윤회설이었다. 사람이 죽으면 영혼이 하늘로 올라갔다가 비가 오면 그 비를 타고 또 내려오고 그러면 땅에 스며들어 곡식으로 자라나고 그렇게 자라난 곡식을 또 사람이 먹으면서 그 기운을 품는다는 것이다.

이런 사이클이 농사를 짓는 드라비다족의 발상이었다.

지금처럼 어떤 고정된 개체의 영혼이 죽었다가 태어나는 그런 것이 아니었다.

그런데 세월이 흐르면서 원시 윤회설은 점차 체계화되었고 종교로 변질되기 시작했다.

브라만교 역시 마찬가지였다. 철학적이고 논리적인 종교가 아닌 그들의 신에게 제사를 지내는 종교였다. 그래서 제사장이 필요했고 고대에는 제사장이 왕이었다. 그런 사회를 제정

일치사회라고 정의한다.

　아리아인들이 인도의 그 넓은 땅을 차지한 후에, 문제없이 지배하기 위해서는 체계적이고 흔들림 없는 뭔가를 만들어야 한다.

　그래서 생각해낸 것이 카스트 제도였다. 이 카스트 제도가 사성 계급이다. 제사장이 브라만이고, 무사계급이 크샤트리아, 그다음에 농사짓고 장사하는 바이샤, 마지막으로 노예 계층인 수드라 네 계급을 만들어 놓고 아리안족들은 가장 높은 브라만을 차지했다.

　신에게 제사를 지낼 수 있는 유일한 계급이면서 신의 계시를 인간들에게 전달해 주는 신의 대리인 역할을 수행했다. 신과 직통으로 관계를 맺는 것은 자신들밖에 없다는 것이다.

　그래서 이 아리아인들이 자기들을 브라만과 직접 교류하는 사람이라고 해서 브라만 계급이라고 부르는 것이다.

　나머지 계급의 사람들이 신에게 바친 재물은 모두 브라만 계급의 소유가 되었다.

　다른 계급의 사람들은 곧 이에 불만을 가지게 되었다. 그러한 불만을 잠재우기 위해 카스트 제도의 논리적인 정당성을 만들어낸 것이 윤회설이다.

인도는 세계 4대 문명의 발생지로 일찍부터 인간의 삶과 죽음에 대한 철학적, 종교적 사유가 깊게 발달했다.

인도는 강을 중심으로 발달한 농경 사회였다. 씨앗이 땅에 묻혀 썩고, 다시 싹을 틔우는 모습은 인간 삶의 은유로 여겨졌다. 자연의 순환을 통해 죽음이 끝이 아니라 또 다른 시작일 수 있다는 생각이 깊게 자리 잡았다.

시대가 발전하면서 죽음 이후의 세계에 대한 철학적 탐구가 시작되었다. 죽음 뒤에 어떤 일이 일어날까? 인간의 영혼은 어디로 가는가? 이런 질문들은 베다 시대를 지나 우파니샤드 시대에 이르러 본격화되었다.

우파니샤드는 인간 존재의 본질을 아트만으로 규정하고, 이 아트만이 죽음 이후에도 사라지지 않고 새로운 몸으로 옮겨 다닌다고 설명했다.

현생의 행위는 다음 생에 영향을 미쳐서 선행을 하면 좋은 삶으로, 악행을 하면 고통스러운 삶으로 태어난다고 믿었으며 이를 업(카르마)이라 칭했다.

궁극적으로는 윤회의 사슬에서 벗어나 브라만(절대적 실체)과 합일하는 모크샤(해탈)를 목표로 하였다.

이렇게 인도의 윤회 개념은 철학적 사색을 통해 체계적으로 발전했고, 나아가 사회적, 종교적 시스템과 결합하게 되었다.

❀ 윤회사상의 체계화 과정

인류가 자연의 순환 속에서 죽음과 재생의 연관성을 발견했을 때, 윤회라는 생각은 이미 씨앗처럼 심어져 있었다.

마침내 그것을 철학적이고 체계적으로 발전시킨 곳은 인도였다. 다른 문화권에서 윤회가 단순히 죽음 이후의 막연한 가능성을 상상하는 것에 그쳤다면, 인도는 이를 철학적 체계로 발전시키고, 사회적 도구로까지 확장했다.

이 과정은 단순하지 않았으며, 시대와 사상적 변화를 따라 윤회의 씨앗은 거대한 나무로 자라나기 시작했다.

인도의 드라비다 문명에서 윤회는 단순한 신화적 사고가 아니라, 삶과 죽음을 이해하는 중요한 신념이었다.

기원전 1500년경, 인도 북부를 점령한 아리아인들은 드라비다 문명과 접촉하며 서로 영향을 주고받았다.

아리아인들의 초기 종교인 베다 신앙은 자연 숭배를 중심으로 했지만, 세월이 흐르며 점점 체계화되었고, 그 과정에서 윤회사상이 자연스럽게 흡수되었다.

힌두교의 주요 경전들인 『리그베다』『브라흐마나』『우파니샤드』가 집필되던 시기, 드라비다족의 윤회적 사고는 브라만교와 융합되었다.

당시 브라만들은 윤회의 개념을 적극적으로 받아들이면서, 이를 기반으로 사회적 통제를 정당화하는 카스트 제도를 구축했다.

윤회사상은 단순히 영적 순환을 설명하는 데 그치지 않고, 업(카르마) 개념과 결합하면서 계급 질서를 정당화하는 강력한 통치적 도구가 되었다.

카르마는 개인의 행위가 다음 생에 영향을 미친다는 믿음을 강조함으로써, 카스트 제도 속에서 사람들이 현재의 계급에 순응하도록 유도했다. 제정일치 시대였던 당시 인도에서 윤회사상은 힌두교의 교리적 핵심이면서, 동시에 사회적 억압을 정당화하는 수단이 되었다.

❀ 베다 시대 윤회의 그림자가 드리우다

인도의 종교적 사유는 베다 시대(기원전 1500년경)로 거슬러 올라간다. 당시 인도는 고대 아리아인들이 이주하면서 베다 (Veda)라고 불리는 종교적 경전을 기반으로 한 브라만교가 뿌리내리던 시기였다.

그러나 놀랍게도 초기 베다 문헌에는 우리가 아는 윤회라는 개념이 등장하지 않는다. 초기 베다 문헌은 자연신 숭배를 중심으로 한 종교적 체계였다. 삶과 죽음 이후에 대한 관념은 비교적 단순했다.

사람은 죽으면 천상의 세계나 지옥으로 가고, 세상에서 살면서 행한 선행이나 악행에 따라 영혼은 보상을 받거나 고통을 겪는다고 생각했다. 그러나 이 시기에도 영혼은 죽음 이후에도 남아 있다는 믿음이 있었다.

이것이 훗날 윤회 개념의 밑바탕이 된다. 당시의 사제들, 브라만 계급은 복잡한 제사 의식을 통해 신들과 인간을 연결한다고 믿었고, 이를 통해 죽음 이후의 삶까지도 좌우할 수 있다고 여겼다.

하지만 삶의 고통과 죽음에 대한 더 깊은 질문은 그들의 제사와 의식만으로는 해소되지 않았다.

❀ 우파니샤드 시대 윤회가 사상으로 확립되다

시간이 흐르면서 사람들의 질문은 더욱 근본적으로 바뀌기 시작했다.

죽음 이후에 나는 어디로 가는가?

이 삶의 끝에 무엇이 존재하는가?

이 질문들은 우파니샤드 시대(기원전 800~500년)에 이르러 깊이 있게 탐구되었고, 윤회라는 개념이 본격적으로 체계화된다. 이 시기는 철학적 혁명의 시기였다.

기존의 브라만교적 의식 중심 종교에서 벗어나, 인간 존재의 본질을 탐구하는 새로운 사유가 나타났던 것이다.

우파니샤드 철학자들은 인간의 본질을 찾기 시작했다. 그들은 육체는 죽어도 영혼 즉 아트만(Atman)은 결코 죽지 않는다고 믿었다.

아트만이란 무엇인가? 아트만은 근원자인 브라만의 투영이므로 인간 존재의 가장 근본적이고 불멸하는 실체이다. 육체는 죽어도 아트만은 완성되어 브라만과 합일되기 전까지는 사라지지 않고 다른 몸으로 옮겨간다는 생각이 바로 윤회사상의 출발점이었다.

아트만은 전생의 행위에 따라 새로운 삶을 시작한다. 선한 업을 쌓으면 더 나은 삶을, 악한 업을 쌓으면 더 비참한 삶을 산다고 믿었다.

이런 사상은 사람들에게 설득력을 제공했다.

'왜 누군가는 부유하고 행복한 삶을 살고, 누군가는 가난하고 고통스러운 삶을 사는가?'

'그것은 바로 전생의 카르마 때문이다.'

이때 등장한 개념이 바로 업(Karma)이다. 업은 단순히 행위를 의미하지만, 여기서 행위는 결과를 만들어낸다는 의미가 포함되었다.

선행은 좋은 결과를, 악행은 나쁜 결과를 가져오고 그 결과는 죽음 이후에도 지속되며, 다음 생의 삶을 결정한다고 보았다.

업과 윤회는 마치 톱니바퀴처럼 맞물렸다. 윤회는 죽음 이후 영혼이 새로운 몸으로 태어난다는 개념이고, 업은 그 윤회의 질을 결정하는 법칙이었다.

하지만 끝없이 반복되는 윤회의 사슬은 당시 인도 사상가들에게 고통과 번뇌의 근원으로 여겨졌다.

이 윤회로부터 벗어나는 것이 인간 존재의 궁극적 목표가 되었고, 그것을 모크샤(해탈)라고 불렀다.

윤회의 고리를 끊고 영혼인 아트만이 절대적 실체인 브라만(Brahman)과 합일하는 것이 목표가 되었다.

인간은 끊임없이 윤회하며 업을 정화하고, 마침내 해탈에 이를 수 있다고 믿었다. 이로써 영혼(아트만), 업보(카르마), 그리고 해탈(모크샤)로 이어지는 윤회의 체계가 완성되었다.

결국 브라만교에서 윤회설이 채택되고 그 윤회설을 정치적으로 이용한 것이 사성 계급으로 구성된 카스트 제도다. 종교라는 것이 그냥 독립적으로 존재하는 것이 아니다.

이 땅의 모든 종교는 전부 정치와 연결이 되어 있다. 기독교만 봐도 잘 알 수 있다. 성서가 진짜 하나님의 말씀이고, 예수님이 진짜 하나님의 아들이기 때문에 당연하게 세계 종교가 되는 것이 아니다.

세상에는 엄청나게 핍박받다가 그냥 사라져 버리는 종교도 많다. 그중에 한두 개가 살아남아서 세계 종교가 된다. 일단 세계 종교가 되고 나면 그때부터는 힘이 생기니까 정치 세력과 결탁해서 점차 확장해 나가게 된다.

윤회사상은 철학적으로는 고상해 보이지만, 현실에서는 사회적 불평등을 정당화하는 강력한 도구로 작동했다. 힌두교는 사회를 네 개의 계급으로 나누는데 여기에 카스트 밖의 존재, 찬드라(불가촉천민)는 아예 인간으로 조차 대우받지 못했다.

사성 계급의 탄생은 신화에 의하면, 푸르샤라는 신성한 존재가 토막이 나면서 생겨났다고 한다.

첫째, 브라만 계급은 푸르샤의 입에서 나왔고, 그다음 크샤트리아는 팔에서 나왔으며, 바이샤는 넓적다리에서 나왔고 마지막 노예계층인 수드라는 발에서 나왔다고 한다.

그래서 수드라는 노예로서 열심히 일을 해야만 한다는 것이다. 그 당시 윤회설은 죽어서 다시 와도 그 계급으로 오는 것이었다.

브라만족은 다시 브라만족으로, 크샤트리아족은 다시 크샤트리아족으로, 바이샤족은 다시 바이샤족으로, 수드라족은 다시 수드라족으로 온다는 것이다.

그런데 인도에는 수드라에도 들지 못하는 찬달라 계급이 있었다. 이들을 불가촉천민이라고 부르는데, 이 불가촉천민들은 브라만교에 속하지 못한 사람들이다.

그들은 카스트 제도가 형성된 이후에 편입된 지역의 사람들로서 부정한 자들로 분류되어, 접촉해서도 안 되고 다른 계급에 먼저 말을 걸어서도 안 된다.

이 사람들은 브라만의 자식이 아니다. 그래서 이 부정한 사람들에게는 사람이 할 수 없는 더러운 일을 맡기게 된 것이다.

이렇다 보니 세월이 흐르면서 불가촉천민들이 불만을 가지게 되었다. 그래서 인도 역사를 보면 불가촉천민들의 반란이 많이 일어났다. 핍박을 받으니까 울분을 참지 못하는 것이다.

처음에는 종교적 신화가 그런대로 먹혔는데, 세월이 흐르면서 사람들의 의식이 깨어나니까, 예전에는 통했던 그런 신화가 더 이상 안 먹히게 된 것이다.

그래서 작전을 바꾼 것이 선과 악의 개념으로 무장한 윤회론이 나왔다. 이런 식으로 윤회와 업보는 카스트 제도를 종교적으로 정당화했다.

'지금의 계급은 전생의 업보 때문이다.'

'현재의 고통은 네가 전생에 지은 죄값이며, 이를 참회하고 착하게 살면 다음 생에 보상받을 것이다.'

'네가 전생에 나쁜 짓을 많이 해서 지금 불가촉천민으로 태어났는데 누구 탓을 하느냐? 그러니까 선한 일을 많이 해야 다음에는 좋은 계급으로 태어날 거 아니냐?'라며 설득을 했다.

이 논리는 하위 계층의 저항을 무디게 했다.

그런 말을 들은 하층 계급 사람들은 희망이 생기게 되었다. 그전에는 죽었다 태어나도 또 수드라고 죽었다 태어나도 또 불가촉천민이고 그랬는데, 이제는 뭔가 더 높은 계급으로 올라갈 수 있다는 희망이 생긴 것이다.

'그래 내가 전생에 잘못한 게 많아서 지금 이런 업보를 받는 거니까, 지금부터 내가 착하게 잘 살아야지' 하면서 마음을 다잡고 불만을 누그러뜨리는 것이다.

윤회는 고통받는 사람들에게는 현실의 순응을, 권력자들에게는 현 체제의 정당화를 제공하는 강력한 통제적 도구가 되었다.

이것이 힌두교 윤회설의 결정판이다. 육체는 죽어서 없어지지만 영혼, 즉 아트만이 선악에 의해서 그대로 다시 온다는 것이다.

이처럼 인도에서 윤회는 시대적 불만에 잘 대처하면서 체계적으로 발전했다. 철학적 깊이를 갖춘 이 개념은 인간의 존재를 설명하고, 동시에 사회적 통제의 기반으로 악용되었다.

그러나 이 체계에 의문을 품은 이들이 있었다. 출가 수행자인, 슈라마나들이었다. 그중 한 명이 바로 고타마 싯다르타였다. 그는 브라만교의 윤회 개념을 비판하고, 그 너머의 진리를 발견하게 된다.

석가모니 시대를 지배했던 윤회사상

석가모니가 살았던 시대는 변화의 소용돌이 속에 있었다. 인도 대륙은 이미 오랜 세월 동안 이어져 온 브라만교의 지배 아래 깊은 신앙과 전통을 형성했지만, 그 사회적, 종교적 체제는 균열을 일으키기 시작하고 있었다.

그 시대는 단순히 정치적 변화만이 아니라 철학적 혁신과 영적 탐구가 만개했던 시기였다. 기존의 사상에 대한 도전과 새로운 진리를 향한 갈망이 격렬하게 충돌하던 바로 그 시대에 석가모니는 등장했다.

❀ 브라만교의 전성기

싯다르타가 태어난 기원전 5세기 무렵, 인도는 브라만교의 전성기였다. 브라만교는 베다(Veda) 경전을 중심으로 삼은 종교로, 이미 수백 년에 걸쳐 인도 사회를 철저히 지배하고 있었다.

당시의 카스트 제도는 이론적으로는 선인선과에 따라 다음 생에 더 나은 계급으로 태어날 수 있다고 가르쳤지만, 실제로는 지배계급의 특권을 유지하고, 피지배계급을 순응하게 만드는 강력한 이데올로기였다.

특히 브라만 계급은 신과 인간을 연결하는 역할을 독점하면서 종교적 의식과 제사를 통해 절대적인 권위를 행사했다.

하지만 이런 체제는 오래 유지될 수 없었다. 상위 계층의 호화로운 삶과 종교적 위선을 목격한 사람들, 그리고 불합리한 계급제도에 억눌린 이들은 점차 의심하기 시작했다.

✸ 기득권 사상에 반기를 든 슈라마나 운동

BC 6세기경 새로운 물결이 일어나서 인도 전역에 퍼지기 시작한다.

슈라마나라고 하는 고행주의를 실천하는 수행자들이 나오게 된 것이다.

이 사람들은 신에게 매일 경배하면서 신의 은총이나 바라고, 더 나은 다음 생이나 바라는 그런 브라만 교리에 반발심이 일어난 부류들이다.

'내가 직접 해탈해서 깨닫고 진실이 뭔지 알아야겠다. 진리가 뭔지 알아야겠다' 라고 하는 사람들이 하나의 새로운 기운처럼 인도 사회에 퍼져 나갔다.

브라만교의 권위에 대한 반발로 등장한 것이 바로 슈라마나 운동이었다. 슈라마나(Śramaṇa)는 수행자를 의미하는 말로, 이들은 기존 브라만교의 종교적 권위와 형식주의를 거부하고 진리를 직접 체험하려 했다.

슈라마나들은 다음과 같은 의문을 던졌다.

신의 뜻이라면서 왜 세상은 이렇게 불공평한가?

제사와 의식만으로 정말 해탈에 이를 수 있는가?

윤회의 사슬에서 벗어날 수 있는 길은 무엇인가?

그들은 브라만교가 가르치는 제사, 의식, 그리고 신의 권위를 거부하고, 스스로의 수행과 탐구를 통해 진리를 찾고자 했다. 이렇게 슈라마나 운동은 다양한 사상과 종교적 명상을 할 수 있는 분위기를 조성했다.

자이나교 마하비라가 창시한 이 사상은 극단적 금욕을 통해 업의 사슬에서 벗어나 해탈에 이르는 길을 제시했다.

아지비카교 운명론적 관점을 강조하며 인간의 삶이 이미 정해져 있다고 주장했다.

무신론적 수행자들 신의 존재를 부정하며 개인의 수행을 강조했다.

이처럼 싯다르타 시대의 인도는 철학적 논쟁과 다양한 영적 탐구가 활발하게 이루어지던 시기였다. 슈라마나들은 신의 권위를 빌리지 않고 스스로 깨달음을 얻으려 했으며, 이는 곧 인간 중심적 사고의 시작이었다.

✿ 혁명가 고타마 싯다르타의 등장

이 혼란과 변혁의 시기에 등장한 인물이 바로 석가모니다. 석가모니는 바로 그런 시대적 분위기에서 태어난 것이다. 그래서 깨달을 수 있었던 것이지, 한 500년만 더 먼저 태어났어도 깨달음은 불가능했을 것이다.

시대적인 상황이 뒷받침이 안 되면 깨달음은 나오기 어렵다. 그는 부족 국가의 왕자로 태어나 풍족한 삶을 살았지만, 그 안에서 인간 존재의 한계를 느끼기 시작했다.

싯다르타의 의문은 근본적인 것이었기에 풀리지 않았다.

• 삶이란 무엇인가?

고통의 원인은 무엇이며, 어떻게 하면 이 고통에서 벗어날 수 있는가?

그는 부유한 왕궁에서 편안한 삶을 누렸지만, 그곳은 고통으로부터 자유로운 세상이 아니었다. 그는 아기가 태어나는 것을 보고, 늙은 사람을 보고, 병든 사람을 보고, 죽어서 실려 나가는 사람을 보며 괴로워 했다.

'모든 인간은 결국 태어나서 늙고 병들어 죽는다. 이 고통을 피할 수 있는 방법은 없는가?' 싯다르타는 이 의문에 대한 답을 찾기 위해 모든 것을 버리고 출가했다.

그는 브라만교의 사제들에게서 답을 얻지 못했다. 그는 슈라마나 수행자들의 극단적 금욕과 수행을 따랐지만, 그것도 진정한 해답이 아님을 알았다.

석가모니의 깨달음인 무아와 연기에서 알 수 있듯이 이 세상 자체가 연기 작용, 즉 상호작용에 의해서만 생각, 말 , 행위가 일어날 수 있기 때문이다.

그럼에도 불구하고 시대적 상황에 의해 석가모니도 6년 동안 슈라마나의 집단에 소속되어 그들과 같이 고행을 했다.

석가모니가 얼마나 진심으로 목숨 걸고 했는지 그의 고행상을 보면 잘 알 수가 있다. 그러나 석가모니는 6년 고행 끝에 수행 방법이 잘못됐다는 것을 알게 되었다. 아무리 고행을 하고 아무리 욕심과 집착을 버려도 안된다는 것을 알았다.

진리라고 하는 것은 지혜로 되는 것이지, 몸과 마음을 혹사한다고 해서 되는 것이 아니라는 것을 알게 되었다. 그래서 명상 방법을 바꾸었다.

새벽에 일어나서 몸을 정갈하게 씻고 신전에 제물 바치려고 가던 수자타라는 이름의 처녀에게 유미죽을 얻어먹고 기운을 차렸다. 그런후에 보리수 밑에 앉아서 그때부터는 고행이 아닌 알아차림 명상을 했다.

그의 길은 기존의 철학적 체계와 수행 방법을 넘어, 스스로 깨달음의 길을 가는 방법이었다. 그는 극단적 고행과 제사를 모두 버리고, 육감을 통해 인식되는 모든 것을 있는 그대로 바라보기 시작했다.

❀ 석가모니의 깨달음, 무아연기

석가모니는 이 우주 전체의 연기성, 즉 우주의 흐름과 사물들의 상호작용, 내 몸과 마음에서 일어나는 생각과 말과 행위와 감각들을 차분하게 아무것도 개입시키지 않고 있는 그대로 그냥 들여다보기만 했다.

이전에는 내가 부모에게서 태어난, 하나의 독립된 개체적 존재라고 믿었다. 또한 구도자로서 내가 최선을 다해 살아왔다고 생각을 했다. 그런데 사념처를 통해 이 우주 전체와 내 몸과 마음의 안과 밖에서 일어나고 있는 작용들을 그냥 들여다 보니까, 생각 하나도 내 자유의지로 일어난 것이 아님을 알게 되었다.

이것이 '주체로서의 나'라면 다른 것하고는 아무 상관 없이 생각과 말과 행위가 일어날 수 있어야 한다. 그리고 다른 것과는 아무 상관없이 나 홀로 존재할 수 있어야 하는데 그럴 수가 없다는 것을 알았다. 항상 대상과 더불어서만 생각과 말과 행위가 일어난다는 것을 알게 되었다.

석가모니는 보리수 아래 앉아 깊은 명상 끝에 마침내 연기의 법칙을 깨달았다. 나라고 하는 것은 그 실체가 없으며 모든 존재는 연기(緣起), 즉 조건적 상호 의존 속에서 발생하고 소멸한다.

브라만교의 윤회는 고정된 영혼을 전제로 한다. 그러나 무아와 연기라는 진리 앞에서, 윤회는 더 이상 내가 존재한다는 주장을 할 수 없게 된 것이다.

나라는 실체가 없는데, 누가 윤회하는가?

석가모니의 깨달음은 브라만교의 권위와 카스트 제도의 기반을 무너뜨릴 수 있는 혁명이었다. 그는 모든 존재는 평등하며, 누구나 고통에서 벗어날 수 있다고 가르쳤다. 브라만의 제사도 필요 없고, 극단적 고행도 필요 없었다. 오직 진리를 바로 보는 것, 그것이 해탈의 길이었다.

윤회가 불교에 스며들다

석가모니의 깨달음은 후대의 구도자들에게 정말 엄청난 사건이었다. 인도라고 하는 저 거대한 대륙에서 석가모니라고 하는 선각자가 나타나지 않았다면 오늘날의 모든 구도자들은 진리가 뭔지도 모르고 헤매고 다녔을 것이다.

그러면서 윤회 타령이나 하고 몸과 마음을 갈고 닦으면서 그냥 자기 자신을 학대만 하고 있었을 것이다.

그런데 문제는 세월이 흘러 부처님이 돌아가시고 나서 발생했다. 불교가 힌두교의 강력한 힘에 떠밀려서 그 세력이 축소되었고 힌두교의 사상들을 방편으로 사용하게 된 것이다.

그 결과, 윤회사상도 신의 형태도 모습을 바꾸어 들여오게 되었는데, 그것이 바로 보살이다. 그래서 지금의 불교에는 관세음보살, 문수보살 등의 여러 보살들이 있다.

그러나 초기 경전을 아무리 살펴봐도 석가모니 붓다는 이런 보살에 대해 이야기한 적이 없다. 그럴 수밖에 없는 것이 석가모니의 깨달음은 무아연기다. 인간조차도 주체가 없음으로 다 허상인데 보살이니 신이니 그런 것들은 거론할 필요조차가 없는 것이다.

아쇼카 왕은 인도 북부를 통일하고 자신의 왕국을 지탱해 줄 종교 파트너로서 불교를 선택하게 된다.

아쇼카 왕은 인도 전역과 그 주변국들을 점령하였고, 불교도 같이 전파가 되었다. 아쇼카 왕은 정치가이지 종교가가 아니기 때문에 자기가 선택한 불교를 통치 수단으로 썼던 것이다. 그래서 영토를 확장하고 보니까 각 지역마다 종교도 다르고 섬기는 신들도 제각각이었다.

이미 힌두교가 인도 곳곳에 퍼져있었기에 아쇼카 왕은 포섭주의 정책을 쓸 수밖에 없었다. 아쇼카 왕은 정치 지도자로서 거대한 인도 대륙을 불교라고 하는 종교 조직을 통해서 잘 통치하기를 바랬다.

그래서 아쇼카 대왕과 결탁했던 그 불교의 시대에 힌두교

사상이 인도 전역에서 대거 들어오게 된다. 그때 같이 본격적으로 들어온 것이 윤회사상이다.

불교의 껍데기는 전세계에 퍼져나가며 큰 영향력을 행사하고 있지만, 부처님의 진짜 가르침은 다른 것들로 전부 덮여 버린 것이다.

후대에 기록된 경전을 보면 무슨 윤회가 어떻고, 보살이 어떻고, 업보가 어떻고, 이런 내용들만 있는 것이다. 경전 속에 감춰진 무아연기라는 진리는 찾기도 힘들게 되었다.

또 무아연기를 만났다고 해도 그것은 보통 사람들이 이해하기에는 너무나 어려운 진리이기 때문에, 이해가 가질 않는다. 평생동안 개체를 주체로서의 나라고 생각하고 살았는데 이해가 안 가는 것은 당연한 것이다.

그러니까 불교를 신앙하는 일반인들은 윤회니 보살이니 업보니 이런 것들을 진리라고 덥석 물고 갈 수밖에 없다. 경전에 분명히 무아라는 말이 있고 연기라는 말이 있다. 그렇지만 그 진리는 받아들이기가 너무나 어렵다.

석가모니가 깨달은 후, 그가 전한 가르침은 당시 인도 사회에 커다란 반향을 일으켰다. 그는 누구도 도달하지 못했던 진리를 꿰뚫었고, 무아(無我)와 연기(緣起)라는 혁명적 사상으로 사람들을 고통과 집착에서 해방시키고자 했다.

그러나 그의 가르침이 세월이 흐르고 대중화되면서, 초기 불교의 순수한 진리에 조금씩 균열이 생기기 시작했다. 기존 인도 사회를 지배하던 브라만교적 세계관과 그 중심에 있던 윤회사상이 불교에 스며들게 된 것이다.

이제 초기 불교가 순수한 진리에서 어떻게 멀어졌는지, 그리고 그 과정에서 왜 윤회라는 브라만교 사상이 불교 속에 자리 잡게 되었는지를 살펴보자.

✿ 혁명적 가르침이 등장하다

석가모니의 깨달음은 당대의 종교적 세계관에 정면으로 도전했다. 브라만교는 아트만(영혼)의 존재를 중심으로 윤회와 업보를 가르쳤지만, 석가모니는 이를 부정했다.

그는 무아를 깨달으며 영혼은 없다고 선언했고, 윤회는 존재 자체가 성립할 수 없다는 결론을 내렸다. 또한 연기를 통해 "모든 존재는 조건적 상호작용의 결과일 뿐이며, 독립적 실체는 없다"고 가르쳤다.

이런 그의 가르침은 브라만교의 복잡한 제사와 카스트 제도를 완전히 무너뜨리는 것이었다. "모든 존재는 평등하며, 누구나 고통에서 벗어날 수 있다"는 그의 메시지는 피지배계층과 출가 수행자들에게 강력한 호소력을 가졌다.

석가모니의 가르침은 신화나 제사를 배제한 철저히 논리적이고 체득적인 것이었다. 신이나 사제의 권위를 인정하지 않고, 진리는 각자가 직접 깨달아야 하는 것이라고 가르쳤다.

윤회라는 환상적 미래 대신, 지금 여기의 고통을 직접 해결하는 법에 초점을 맞췄다.

�֎ 불교가 인도 전역으로 퍼지다

석가모니 입멸 이후, 그의 제자들은 그의 가르침을 널리 퍼뜨리기 시작했다. 불교는 정치적인 배경과 함께 놀라운 속도로 확산되었고, 인도 전역의 다양한 계층과 지역에 스며들었다. 하지만 확산 과정에서 기존 인도 사회의 사상적 토대인 브라만교와의 결합은 불가피했다.

당시 인도 사람들에게 윤회는 이미 너무나 당연하고 익숙한 신념이었다. 브라만교는 수백 년 동안 영혼의 윤회를 가르치며 인간의 존재를 설명해왔다.

'죽음은 끝이 아니며, 영혼은 새로운 몸으로 태어난다.'

이런 사상이 수 백년간 뿌리내린 상황에서, 석가모니의 윤회는 허상이라는 가르침은 사람들에게 이해하기 어렵고 받아드리기 힘들었다.

불교는 논리적이고 혁신적인 사상이었지만, 대중에게는 여전히 신화와 상징, 단순한 믿음이 필요했다. 복잡한 무아와 연기의 진리를 이해하고 실천하는 것은 쉬운 일이 아니었다.

대중들은 전생의 업보나, 다음 생에 대한 희망과 같은 이야기에 더 친숙하고 위안을 얻었다.

이에 불교는 대중에게 접근하기 위해 윤회 사상을 방편으로 사용하기 시작했다. 윤회의 사슬을 통해 고통은 업의 결과이며, 그 업을 없애려면 바르게 살아야 한다고 가르쳤다. 이는 기존의 브라만교적 윤회 사상과 비슷한 언어였지만, 불교는 어디까지나 윤회를 고통의 상징으로 보며, 이를 초월하는 깨달음을 목표로 했다.

✵ 윤회를 받아들이다

불교가 인도 전역으로 퍼지면서 브라만교와의 융합이 점차 가속화되었다. 특히 다음과 같은 이유들이 윤회가 불교에 스며들게 된 배경이 되었다.

인도 사람들에게 윤회는 단순한 철학이 아니라 삶을 이해하는 방식이자 위로였다.

'이번 생이 고통스럽더라도, 다음 생은 다를 수 있다.'

'선행을 쌓으면 더 나은 곳에서 태어난다.'

이런 믿음은 사람들이 현재의 삶에 순응하도록 만들었고, 고통을 견디는 하나의 심리적 버팀목이 되었다.

불교는 대중에게 바른 삶을 살면 윤회의 고통에서 벗어날 수 있다는 식으로 가르침을 풀어냈다.

진리의 순수성을 사수하는 대신, 불교 교단은 현실적으로 대중에게 접근하는 방법을 택했다. 윤회라는 익숙한 틀을 이용해 사람들에게 불교의 가르침을 전달했다.

하지만 석가모니의 가르침과는 다르게, 윤회는 점차 불교 교리의 일부처럼 자리 잡게 되었다.

✿ 힌두불교가 되다

시간이 흐르면서 순수 불교는 길을 잃고 방황하면서 수 많은 계파로 나누어진 부파불교가 되었다. 이런 모습을 더 이상 두고 볼수 없었던 사람들이 불교 개혁을 주창하며 일으킨 것이 대승불교 운동이다.

그러나 대승불교는 더욱 대중적이고 포용적인 종교로 발전하며 윤회의 개념을 더욱 강조하게 되었다. 대승불교는 보살(菩薩)의 길을 가르치며, 윤회의 세계를 강조했다.

보살은 자신의 깨달음을 뒤로 미루고 윤회의 세계에 남아 중생을 구제한다. 윤회는 보살이 중생을 구제하는 장으로 이해되었다.

대승불교는 보다 많은 사람들에게 다가가기 위해 선행을 통해 윤회의 고통에서 벗어나라고 가르쳤다. 이는 브라만교의 윤회와 크게 다르지 않은 언어였다.

그러나 근본적으로 대승불교는 윤회를 해탈의 대상으로 삼았고, 윤회를 초월하는 깨달음을 궁극적 목표로 정했다.

결국 석가모니의 혁명적이고 순수한 가르침은 시간이 흐르면서 브라만교의 윤회 사상과 섞이게 되었다.

초기 불교의 무아와 연기는 점차 이해하기 어려운 개념으로 남게 되었고, 대신 윤회와 업보라는 익숙한 이야기가 불교의 언어 속에 스며들었다.

그러나 중요한 것은 석가모니의 깨달음이 윤회와 무관하다는 사실이다.

석가모니는 윤회의 사슬에서 벗어나는 것이 아니라, 윤회 자체가 허상임을 꿰뚫어 보았다.

윤회를 누가 경험하는가? 라는 질문 앞에서, 주체가 없다는 석가모니의 진리는 윤회의 주장을 뿌리째 흔들어버린다.

제3장

윤회는
모순으로 가득하다

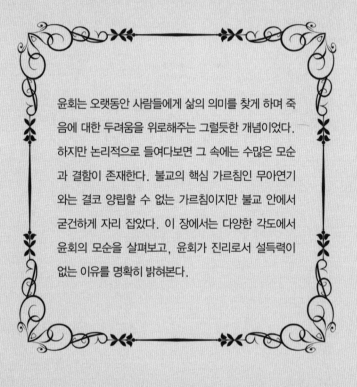

윤회는 오랫동안 사람들에게 삶의 의미를 찾게 하며 죽음에 대한 두려움을 위로해주는 그럴듯한 개념이었다. 하지만 논리적으로 들여다보면 그 속에는 수많은 모순과 결함이 존재한다. 불교의 핵심 가르침인 무아연기와는 결코 양립할 수 없는 가르침이지만 불교 안에서 굳건하게 자리 잡았다. 이 장에서는 다양한 각도에서 윤회의 모순을 살펴보고, 윤회가 진리로서 설득력이 없는 이유를 명확히 밝혀본다.

석가모니 전생설의 모순

불교의 경전 중 일부에는 석가모니의 전생에 대한 이야기가 등장한다. 이는 흔히 본생담(本生譚, Jataka Tales)이라 불리며, 석가모니가 여러 번 태어나면서 수행을 하고 공덕을 쌓아 마침내 깨달음을 얻었다는 이야기들이다.

이러한 본생담에 따르면, 석가모니는 과거 생에서 동물, 왕, 수행자, 신 등의 다양한 형태로 존재했고, 그 과정에서 선업을 쌓아 마지막으로 싯다르타로 태어났을 때 깨달음에 도달할 수 있었다고 한다. 그러나, 여기에는 명백한 모순이 존재한다.

석가모니의 깨달음은 무엇이었는가? 그것은 바로 무아(無我)와 연기(緣起)였다. 그는 깨달음을 통해 나라는 고정된 실체는 없으며, 모든 것은 조건에 따라 변하고 사라진다는 진리를 보았다.

그렇다면 전생이라는 개념은 무엇을 의미하는가?

전생이 존재한다는 것은 과거에서 현재, 현재에서 미래로 이어지는 고정불변한 주체가 있다는 전제를 필요로 한다. 이는 무아의 진리와 정면으로 충돌하는 것이다.

본생담 속의 석가모니 전생 이야기는 석가모니가 직접 말한 것이 아니라, 불교에 윤회가 들어 오면서 후대의 사람들이 창작한 소설이다.

석가모니는 보리수 아래에서 나라는 것은 오직 다섯 가지 요소(오온)로 이루어져 있으며, 실체가 아님을 깨달은 것이었다.

인간이 나라고 착각하는 것은 단지 색, 수, 상, 행, 식의 조합일 뿐이며, 이 다섯 가지는 계속 변화하므로, 독립된 자아로 존재할 수 없는 것이다.

연기법은 이것이 있으므로 저것이 있다는 상호의존성을 설명한다. 모든 것은 조건에 의해 발생할 뿐, 독립적인 실체가 지속적으로 유지될 수 없다. 그런데 전생과 현생과 내생이 존재한다면 고정된 무언가가 계속해서 이어져야 한다. 그렇다면 연기 법칙과 모순이 발생한다. 그러므로 전생이라는 개념은 그의 가르침과 정면으로 배치된다.

❀ 전생담은 어떻게 생겨났는가?

이제 우리는 더 근본적인 질문을 해야 한다.

그렇다면 왜 불교 경전에 석가모니의 전생 이야기가 등장하는가? 이 부분을 이해하려면 불교가 확산되던 당시의 사회적, 역사적 배경을 살펴볼 필요가 있다.

석가모니가 살았던 시기의 인도 사회는 브라만교가 지배적인 종교였다. 브라만교는 윤회와 전생, 업보를 강조하며 카스트 제도를 정당화했다.

브라만(성직자 계급)은 과거 생에서 많은 덕을 쌓아 태어났다. 크샤트리아(왕족과 무사 계급)도 선업을 쌓아 좋은 생을 받았다. 바이샤(상인, 농민)는 중간 수준의 업을 쌓았다. 수드라(노동자 계급)는 과거 생에서 죄를 지어 낮은 계급에 태어났다. 찬달라(불가촉천민)는 최악의 업보로 인해 인간 중에서도 가장 낮은 존재로 태어났다.

이처럼 전생과 윤회의 개념은 기존의 사회질서를 유지하는 강력한 도구였다.

그러나 석가모니는 카스트제도를 정면으로 부정했지만, 후대에 불교가 확산되면서 기존 브라만교의 신념과 섞이기 시작했다. 전생과 윤회를 믿던 사람들이 불교에 유입되면서, 그들의 신념을 불교 경전에 추가한 것이다. 이 과정에서 석가모니가 전생을 이야기했다는 경전이 등장하게된 것이다.

초기 불교는 철저한 수행과 깨달음을 중시했다. 하지만 불교가 널리 퍼지면서, 대중들에게 이해하기 쉽고 친숙한 방식으로 교리가 변형되었다.

예를 들어, 많은 사람들은 이번 생에 깨달음을 얻을 수 있다는 말을 받아들이기 어려워했다. 대신 수많은 생을 거쳐야만 깨달음을 얻을 수 있다는 말이 더 익숙했다.

이것이 대승불교의 보살 사상과 결합하며, 부처도 과거 생부터 많은 수행을 반복하며 완성된 존재라는 신화가 만들어졌다. 이는 기존의 브라만교적 윤회사상을 받아들인 사람들에게 불교를 친숙하게 보이도록 만들었다.

이렇게 해서 석가모니가 전생을 이야기했다는 본생담이 불교 경전에 포함되었다.

우리가 현재 접할 수 있는 불교 경전들은 석가모니가 직접 남긴 것이 아니다. 석가모니가 입멸한 후에 그의 제자들이 구전으로 가르침을 전했고, 수백 년 후에야 경전이 문자로 기록되었다.

이 과정에서 불교가 전파된 지역과 문화에 따라 내용이 달라졌다. 또한 특정 사상을 가진 사람들에 의해 경전이 편집되었을 가능성도 크다. 그렇기 때문에 모든 불교 경전을 석가모니의 가르침이라고 믿는 것은 위험하다.

석가모니가 윤회를 했다는 기록이 경전에 있다고 해도, 그것이 실제로 그의 가르침이라고 단정할 수는 없는 것이다.

불교에서 가장 중요한 가르침 중 하나는 집착을 버리라는 것이다. 깨달음이란 모든 집착에서 자유로워지는 것이다. 그렇다면 전생이 있다는 개념 자체가 집착이 아닐까? 전생을 믿는 순간, 자아의 과거에 집착하게 된다.

미래 생을 믿는 순간, 자아의 미래에 집착하게 된다. 이러한 믿음 자체가 나라는 개념을 유지시킨다. 깨달음은 나라는 착각이 사라지는 순간 드러난다.

그러나 전생이라는 개념은 나라는 집착을 강화하는 역할을 한다. 전생을 알려고 애쓰는 순간, 다시 나라는 착각에 빠져

들게 된다. 즉, 전생이라는 개념 자체가 깨달음에 장애물이
된다.

석가모니가 무아를 깨달은 순간, 그는 전생이라는 개념을
초월했다. 무아의 가르침을 펼치는 석가모니가 전생을 말했
다는 것은 논리적으로 맞지 않다.

전생을 강조하는 일부 경전은 석가모니의 가르침이 후대에
변질되었음을 보여주는 증거일 뿐이다.

달라이라마 환생설의 모순

불교의 가르침은 본래무아를 중심으로 한다. 나라는 고정된 실체는 없다는 석가모니의 깨달음은 수천 년이 지난 지금까지 불교의 핵심 진리로 전해져 오고 있다. 그런데 이런 무아의 가르침을 정면으로 거스르는 기묘한 현상이 있다. 바로 달라이라마의 환생설이다.

달라이라마 환생설은 티베트 불교를 지탱하는 핵심 신앙이다. 티베트인들은 달라이라마를 단순한 인간이 아닌, 관세음보살의 화신이자 죽음 이후에도 다시 태어나 중생을 구제하는 특별한 존재로 믿는다.

달라이라마가 한 생을 마치고 나면, 그의 영혼이 새로운 몸으로 다시 태어나 지도자로서의 역할을 이어간다고 말한다.

이 믿음은 티베트 불교의 종교적 권위와 지도력의 연속성을 보장하는 역할을 해왔다.

그러나 이 매혹적인 이야기를 조금만 깊이 들여다보면, 불교의 핵심 진리와 심각하게 충돌하는 모순들이 그 모습을 드러낸다.

✿ 달라이라마 제도의 유래와 역사

달라이라마 제도는 티베트의 특수한 정치적, 종교적, 문화적 환경 하에서 약 700여년 전 시작된 것이다. 달라이라마는 티베트 불교의 수장이자 정치적 최고권위자를 나타내는 직책명이다.

우선 달라이라마 제도의 역사를 살펴보면, 히말라야 산맥의 고원에 송첸감포가 최초의 통일국가인 토번 왕국을 이룩하고 당시 민중들에 만연해 있던 뵌교라는 주술적인 민속 신앙을 대체하여 인도 불교를 통치이념으로 삼게 된다.

이후 제3대 달라이라마로 알려진 소남갸초(1543~1588)가 몽골의 동부 튀메드부의 군주인 알탄칸(俺答汗, 1507~1582)으로부터 1577년에 초대를 받았다.

징기스칸의 17대 후손인 알탄칸은 소남갸쵸에 대한 소문을 듣고 깊은 신심이 일어났다. 알탄칸의 궁전에 도착했을 때 만 명이 넘는 엄청난 군중의 환영을 받았다.

소남갸초가 몽골에 머물면서 알탄칸의 전생을 보니, 그는 쿠빌라이칸의 환생이고 자신은 쿠빌라이칸의 스승이었던 샤카팍파이었기에 과거 전생 인연이 다시 스승과 제자 인연으로 돌아온 것이라고 주장했다.

알탄칸은 티베트에서 온 소남갸초를 스승으로 받들면서 칭호를 올렸다. 그때 올린 이름이 달라이라마다. 바다를 뜻하는 그의 이름 갸초가 몽고어로 달라이라는 뜻이고, 라마는 티베트어로 스승을 뜻한다.

그러니까 해석하면 달라이라마는 바다와 같은 스승이라는 의미이다. 그러나 소남갸초는 겸손의 의미로 자신의 스승, 그리고 스승의 스승에게 1대, 2대 달라이라마의 칭호를 봉헌하고 자신은 3대 달라이라마가 되었다.

이렇게 호칭은 탄생하였지만 실질적인 종교 정치 권력은 제5대 달라이라마에서 확립되었다

롭쌍갸초(1617~1682)는 티베트 불교 지파 중에서 겔룩파

(황모파, Yellow Hat School)의 지도자였다. 롭쌍갸초는 몽고군의 힘을 빌어 라이벌인 깔마파를 물리치고 티베트를 통일하였다.

강력한 정치적, 종교적 영향력이 필요했던 그는 자신을 5대 달라이라마라고 칭하고 달라이라마는 관세음보살의 화신이라고 선포하였다.

롭쌍갸초가 죽은 이후 지금까지 환생자라고 선출된 아이가 대를 이어가고 있는데, 현재는 제14대 달라이라마인 텐진갸쵸(1935~)가 인도로 망명하여 다람살라에서 활동하고 있다.

롭쌍갸초는 겔룩파의 세력이 약했던 티베트 서부의 창 지역에서도 그의 영향력이 미치길 원했다. 그러나 창 지역은 티베트 동부의 라싸와는 거리가 멀어 직접 통치하기엔 무리가 있었다.

마침 그 지역에 제1대 달라이라마로 선포된 겔룩파의 겐덴둡빠가 창건한 타시룬포 사찰이 있었다.

그는 자신의 스승인 판첸 추키겐첸(1569~1662)이 죽자 그의 환생자를 선정하여 타시룬포사의 법왕 곧 판첸라마로 지정했다.

그리고 달라이라마가 관세음보살의 화신이듯이 판첸라마는 아미타불의 화신이라고 선언하면서 겔룩파 시조 총카파의 또 다른 제자인 케도프제를 판첸라마 1세로 소급하여 선포했다.

이후 판첸라마는 겔룩파의 제2인자로서 창 지역을 맡아 통치해 왔다. 판첸라마 역시 사후엔 환생자를 찾아 계속 계승되어 왔는데 달라이라마와는 번갈아가며 먼저 태어난 사람이 서로 스승 역할을 하면서 티베트를 이끌어 왔다고 한다.

❈ 현재 달라이라마 제도의 존폐 위기

달라이라마 제도는 중국의 티베트 강제 합병 후 10대 판첸라마가 죽자 문제가 생겼다. 현재의 달라이라마는 1995년 당시 6살이었던 초에키 니마를 환생자라고 밝혔으나 티베트에 어용 지도자가 필요했던 중국은 그 결정을 무효로 하고 초에키니마를 납치해 갔다.

그리고는 일방적으로 기알첸노르부를 11대 판첸라마라고 선언했다. 그의 부모는 모두 티베트의 중국 공산당원이었다.

물론 티베트 사람들은 아무도 그 선언을 믿지 않는다. 현재까지 초에키니마는 행방불명인 상태다. 세계 각국의 인권단체에서는 세계 최연소 정치범인 초에키 니마의 석방을 중국 측에 요구하고 있다.

한편 중국이 임명한 11대 판첸라마는 열심히 중국을 지지하고 있고 현 달라이라마는 이러한 판첸라마를 비난하고 있다. 달라이라마는 2004년 프랑스 신문과의 인터뷰에서 자신 이후엔 더 이상 달라이라마가 없을 것이라고 선언했다.

이 발언은 자신의 사후에 판첸라마의 예처럼 중국이 일방적으로 달라이라마를 선출해 정치적으로 악용할 것을 우려한 것으로 해석된다. 1935년 생인 현 달라이라마 14세는 2025년에 90세가 된다.

❀ 환생제도는 코미디다

현 14대 달라이라마까지의 환생을 사실이라 믿어준다면, 700년간 14대째 동일인이 700년 동안 지위를 유지하고 있다는 것이다.

많은 사람들이 티베트 불교에서 진행하는 환생자 점검 과정을 신비롭고 정교한 절차라고 생각한다. 어떤 아이가 달라이라마의 환생이라고 주장하면, 고승들이 찾아가 그 아이에게 여러 개의 물건을 보여주고, 이 중에서 전생의 물건을 골라보라는 식의 시험을 한다. 아이가 옛 물건을 맞히면 환생자로 인정된다는 것이다.

그러나 이 과정은 과학적인 검증이 아니라 철저히 주관적인 절차다. 이 절차가 얼마나 비과학적이고 조작 가능성이 높은지 이해하기 위해 우리도 간단한 실험을 해볼 수 있다.

어린아이를 데려와 이전에 본 적이 있는 물건과 없는 물건을 섞어 놓고 기억하는 걸 골라보라고 하면 어떻게 될까? 대부분의 경우 아이는 본 적 있는 물건을 고를 확률이 높다. 이는 단순한 기억 회상일 뿐, 환생의 증거가 아니다.

게다가 이 과정은 전적으로 승려들의 판단에 의존한다. 아이가 엉뚱한 물건을 고르면, 수행이 부족하다며 인정하지 않는다. 반대로 아이가 맞히면 '전생의 기억이 남아 있다'며 환생자로 확정된다.

이 과정 자체가 이미 답을 정해놓고 진행하는 형식일 뿐이다. 과학적 검증이 아니라 기존 체계를 유지하기 위한 시스

템에 불과하다.

환생자 검증 과정이 정치적으로 이용되는 대표적인 사례로, 미얀마 왕국 다섯 왕자의 환생 이야기를 들 수 있다. 미얀마에서 왕족으로 태어난 다섯 명의 왕자들이 사후에 다시 환생하여 후계구도를 이끌었다는 전설이다.

그런데 이 환생 과정이 단순한 종교적 믿음이 아니라, 권력을 유지하기 위한 수단으로 사용되었다는 점이 중요하다. 왕족과 불교계 지도자들은 전생에서 왕이었던 자가 다시 태어나야 한다는 논리를 통해 자신들의 권력을 정당화했다.

환생 개념이 단순한 신앙이 아니라 정치적 도구로 활용된 것이다. 이와 같은 사례를 보면, 달라이라마의 환생 역시 단순한 종교적 개념이 아니라 정치적 정당성을 확보하기 위한 제도적 장치임을 알 수 있다.

카톨릭에서는 교황이 바뀔 때마다 새로운 사람을 선출한다. 교황은 환생하지 않는다. 각 교황은 독립된 인격체로서 선출되며, 과거의 교황과 신앙적 연속성만 유지할 뿐이다.

그런데 만약 카톨릭에서 '1대 교황 베드로부터 현재 266대 프란치스코 교황까지 한 사람이 계속 환생한 같은 인물이다'라고 주장한다면? 지금 프란치스코 교황이 '나는 전생에 베드로였고, 그 후로 계속 환생하고 있다'고 주장한다면? 아무리 신앙심이 깊은 신자라도 이 말을 믿을 수 있을까? 믿기는커녕 미신과 사기라고 비난할 것이다.

달라이라마의 환생이란 결국 이런 주장과 다를 바 없다. 그런데도 티베트에 대해서는 유독 관대하게 그리고 신비롭게 보는 경향이 있다. 이처럼 불교의 환생 주장에 대해서만 그럴듯하다는 착각을 하고 있을 뿐이다. 카톨릭에서 교황이 계속 환생한다고 주장한다면 누구도 그 말을 믿지 않을 것이다. 그런데 불교에서는 왜 이런 주장이 받아들여지는가?

그 이유는 문화적 관점이 이미 환생 개념에 익숙해져 있기 때문이다.

달라이라마가 인도로 망명한 뒤에 코스모스의 저자이자 당대 최고의 과학자인 칼 세이건이 다람살라로 그를 방문해서 대화를 나누었다.

칼 세이건 앞으로 과학이 더 발전해서 윤회가 없다는 것이 밝혀지면 어찌하시겠습니까?

달라이라마 그렇다면 윤회를 더 이상 믿으면 안 되겠지요. 그런데 과학으로 그걸 어떻게 증명할 수 있나요?

칼 세이건 지금은 알 수가 없지만 곧 밝혀지겠죠.

최근에 한국 스님이 달라이라마에게 이렇게 질문했다.

스님 요즘 윤회에 대한 논쟁이 뜨겁습니다. 윤회가 진짜로 있습니까?

달라이라마 스님이 윤회를 안 믿으면 어떻게 합니까?

현재 불교는 달라이라마의 고백처럼 윤회는 깨달음의 영역이 아니라 믿음의 영역이 되었다. 그러나 석가모니의 무아연기는 분명히 깨달음의 영역이고, 무아연기를 깨달으면 윤회의 허구성이 저절로 밝혀진다.

❀ 환생 개념이 유지되는 진짜 이유

그렇다면, 왜 여전히 환생 개념이 신봉되는 것일까?

그 이유는 간단하다.

달라이라마의 환생은 단순한 종교적 믿음이 아니라, 티베트 불교 체제를 유지하는 핵심 장치다.

만약 달라이라마가 환생은 없다고 선언하면 티베트 불교의 후계 체계는 붕괴한다. 그러므로 환생 개념은 종교적 신념이 아니라, 국가를 통치하는 시스템이다.

사람들은 죽음 이후의 삶을 두려워한다. 죽으면 모든 것이 끝난다는 사실을 받아들이는 것은 쉽지 않다. 그래서 환생은 매우 흡인력이 있고 의지하고 싶은 신념이다.

이러한 믿음은 심리적 안정감을 주기 때문에 쉽게 버려지지 않는다. 그러나 심리적 안정감이 있다고 해서 그것이 진리인 것은 아니다.

불교를 접할 때, 우리는 이미 환생이 사실임을 전제로 받아들인다. 티베트 불교의 환생 주장이 미신일 가능성을 고려조차 하지 않는다.

하지만 우리가 다른 종교에서 비슷한 개념을 접하면 어떨까? 예를 들어, 어떤 기독교 교회에서 '우리 목사는 전생에 예수님이었다.'고 주장한다면 이 말을 듣고도 신뢰할 수 있을까? 대부분은 이 주장을 미친 소리로 치부할 것이다.

그런데 왜 불교에서는 이런 주장이 받아들여지는가? 그것은 윤회라는 개념이 우리에게 문화적으로 이미 익숙해진 믿음이기 때문이지, 그 믿음이 사실이기 때문이 아니다.

달라이라마의 환생설은 단순한 종교적 믿음을 넘어 정치적 도구로 기능해왔다. 특히 티베트 불교에서 환생은 지도자의 정당성과 권위를 유지하는 중요한 수단이었다.

달라이라마는 단순한 종교 지도자가 아니라, 티베트 불교의 상징이자 정신적 지주다. 환생설은 티베트 공동체를 하나로 묶고, 정치적, 종교적 리더십의 연속성을 보장하는 역할을 했다. 환생한 달라이라마는 새로운 시대의 정신적 지도자로 매번 자리매김하며, 공동체의 희망과 결속을 상징했다.

현대에 이르러, 달라이라마 환생설은 더욱 흥미로운 국면을 맞이한다. 중국 정부가 티베트의 통제를 강화하기 위해 달라이라마의 다음 환생을 자신들이 지명하겠다고 주장한 것이다.

이는 환생설이 정치적 이해관계에 따라 얼마든지 왜곡될 수 있음을 보여준다. 특정한 영혼의 환생을 누가 인증하는지에 따라 그 의미는 달라질 수밖에 없다.

중국 정부와 티베트 불교의 이러한 갈등은 환생설이 종교적 진리가 아니라, 정치적 권력의 도구로 활용되고 있음을 명백히 드러낸다.

✵ 환생은 미신이다

달라이라마의 환생설은 겉으로는 신비롭고 종교적 권위를
갖춘 진실처럼 보이지만, 그 실체를 깊이 들여다보면 불교의
핵심 진리와 심각한 모순을 드러낸다.

무아(無我)와 환생은 공존할 수 없다. 무아는 자아의 고정
된 실체를 부정하지만, 환생은 자아의 지속성을 전제로 한
다. 환생설은 종교적 신념을 넘어 정치적 도구로 활용되어
왔다.

종교 지도자의 권위 유지와 공동체의 결속, 때로는 권력의
갈등 속에서 환생은 변형되기도 한다. 석가모니가 전한 진리
는 단순하다. 고정된 자아는 없다. 모든 것은 조건에 따라 일
어나고 사라질 뿐이다.

그러므로 윤회나 환생이라는 이야기는 자아에 대한 집착이
만들어낸 또 다른 망상일 뿐이다.

임사체험의 모순

죽음은 인간이 경험하는 가장 미지의 영역이며, 동시에 가장 두려운 대상이기도 하다. 그래서 죽음 직전에 일부 사람들이 경험하는 임사체험(Near Death Experience, NDE)은 그 자체로 신비롭고 매혹적이다.

'죽음의 문턱을 넘어선 사람들이 터널을 지나 밝은 빛을 보았다.' '죽기 직전 사랑하는 이들이 손짓했고, 어떤 이는 천국이나 전생을 보았다.' 이와 같은 이야기는 죽음을 초월한 또 다른 세계가 있음을 암시하며, 윤회나 영혼불멸을 믿는 사람들에게 강력한 증거처럼 사용되곤 한다.

그러나 이러한 주장은 과학적으로 분석해보면 명확한 한계와 모순을 드러낸다. 임사체험은 심리적이고 생리적인 뇌의 반응이며, 문화적 배경과 개인의 믿음에 따라 내용이 달라지는 주관적 경험일 뿐이다. 윤회의 증거로서 임사체험을 믿는 것은 비과학적이다.

✵ 임사체험이란 무엇인가?

임사체험(NDE)은 죽음 직전 또는 의학적으로 심장이 멈춘 상태에서 살아난 사람들이 경험하는 주관적 현상이다. 흔히 다음과 같은 패턴으로 설명된다.

- 터널을 통과해 빛이 보인다.
- 자신의 몸을 내려다보는 유체이탈의 경험을 한다.
- 아는 사람을 만나거나, 천국과 같은 초월적 세계를 본다.
- 죽지 않았다는 안도감과 함께 강렬한 행복감을 느낀다.

이러한 공통된 패턴 때문에 많은 이들은 임사체험이 영혼의 존재, 나아가 사후세계의 증거라고 주장하지만, 임사체험을 과학적으로 분석하면 전혀 다른 결론이 드러난다.

현대 뇌과학과 의학은 임사체험이 뇌의 생리적 반응에 불과하다는 것을 설명한다. 임사체험은 죽음 직전에 뇌가 산소 결핍 상태에 빠지면서 발생하는 일종의 환각이다.

심장이 멈추면 뇌로 공급되는 산소가 급격히 감소하며, 뇌세포들은 비정상적 활동을 일으킨다. 이 과정에서 시각 피질과 관련된 신경망이 활성화되어 터널을 지나 빛을 보는 현상이 나타날 수 있다.

뇌세포가 기능이 상실되는 과정에서 나타나는 시각적 반응을, 사람들은 빛의 세계나 천국으로 해석하는 것이다.

죽음 직전, 뇌는 강력한 내인성 화학물질을 분비해 평온함과 황홀감을 느끼게 한다. 엔도르핀과 세로토닌은 강력한 진통제 역할을 하며 고통을 줄이고 평화로운 감정을 느끼게 한다.

DMT(디메틸트립타민)는 강한 환각 작용을 일으키는 물질로, 환상적인 시각적 경험을 제공한다. 이 물질들은 극한의 스트레스나 죽음의 문턱에서 분비되며, 임사체험이 마치 사후 세계로의 여행처럼 느껴지게 만든다.

하지만 이것은 뇌의 생리학적 반응일 뿐, 영혼이 실제로 몸에서 떠난다는 증거는 아니다.

❀ 지역에 따라 다르게 체험한다

임사체험이 보편적인 진리라면, 모든 사람들이 비슷한 경험을 해야 할 것이다. 그러나 임사체험의 내용은 문화적 배경과 개인의 믿음에 따라 다르게 나타난다.

서양에서는 기독교적 사후관에 영향을 받아 천사, 천국, 신의 심판과 같은 경험이 자주 보고된다. 많은 이들이 하얀 옷을 입은 천사, 아름다운 정원, 또는 빛의 존재를 보았다고 말한다. 이는 서구 문화에서 죽음 이후 천국이라는 신념이 강하게 자리 잡고 있기 때문이다.

동양 문화권에서는 윤회와 업보의 개념이 임사체험에 영향을 미친다. 일부 사람들은 전생의 기억이나 지옥, 환생과 같은 경험을 이야기한다.

예를 들어, 임사체험 중 어떤 이는 자신이 지옥불 속에 떨어졌다가 겨우 빠져나왔다고 하거나, 전생에 잘못한 일 때문에 벌을 받는 장면을 보았다고 증언하기도 한다. 이러한 차이는 임사체험이 실제 사후 세계의 경험이 아니라, 개인의 심리적 기대와 문화적 배경이 만들어낸 주관적 경험임을 보여준다.

기독교 문화에서는 천국을, 불교 문화에서는 환생을 보는 이유는 그들이 평소에 믿고 기대하던 관념이 죽음 직전에 뇌의 활동영역 속에서 투영되었기 때문이다.

결국 임사체험은 보편적 진리가 아니라, 각자의 문화적 심상과 심리적 믿음이 만들어낸 환상이다.

⊛ 임사체험은 윤회의 증거가 아니다

윤회를 믿는 사람들은 종종 임사체험을 근거로 내세운다. 특히, 죽음 직전에 전생의 기억이나 다른 존재로의 환생을 보았다고 주장하는 사례를 강조한다. 그러나 이러한 경험에도 분명한 한계가 있다.

뇌는 극한의 스트레스 상황에서 실제 기억과 상상 속 이미지를 구분하지 못한다. 임사체험 중 전생의 기억을 봤다는 주장은 뇌의 혼란 상태에서 무의식적으로 만들어진 환상일 가능성이 크다.

전생의 기억을 봤다는 주장은 대부분 개인의 주관적 체험에 의존하며, 객관적 증명이나 재현이 불가능하다. 이를 뒷받침하는 신뢰할 만한 과학적 근거는 아직 존재하지 않는다.

임사체험은 죽음을 앞둔 뇌의 생리적 반응, 심리적 방어기제, 그리고 개인의 문화적 배경이 결합되어 만들어지는 주관적 경험이다. 과학적으로는 산소 부족과 뇌의 화학적 반응으로 설명될 수 있다.

문화적 차이와 주관성은 임사체험이 보편적 진리가 아니라 각자의 믿음이 투영된 결과임을 보여준다. 따라서 임사체험을 윤회나 사후세계의 객관적 증거로 삼는 것은 무리가 있다.

그것은 죽음을 두려워하는 인간의 심리가 만들어낸 거짓된 이야기일 뿐이다. 임사체험에서 보았다는 빛과 환상은 사후세계가 아니라, 죽음에 대한 두려움을 덜기 위해 뇌가 만들어낸 마지막 위로일 뿐이다.

전생체험의 모순

최면 전생체험은 많은 이들에게 흥미롭고 신비로운 이야기의 소재로 활용된다. 특히 최면상태에서 전생을 보는 체험은 윤회를 믿는 사람들에게 강력한 증거로 받아들여지곤 한다.

그러나 이런 이야기가 나올 때마다 한 가지 의문이 뒤따른다. 과연 최면 상태에서 본 전생의 기억은 진짜일까? 아니면 뇌가 만들어낸 환상일까? 최면 전생 체험은 심리학과 대중문화가 결합해 만들어낸 현대적 현상이다.

전생퇴행 최면요법은 놀랍고 매혹적인 이야기들을 쏟아냈지만, 그 과정에는 암시, 거짓 기억, 그리고 문화적 편향이라는 커다란 허점이 존재한다.

이 장에서는 최면 전생 체험이 어떻게 등장했고, 왜 그것이 과학적 신뢰를 얻기 어려운지 자세히 살펴보겠다.

✢ 전생퇴행 최면요법의 발견과 발전

최면을 이용한 전생퇴행요법(Past Life Regression Therapy)은 심리학과 최면요법이 결합하면서 등장한 비교적 현대적인 개념이다. 이 요법은 최면 상태에서 사람들을 과거로 돌아가게 하여, 그들의 전생을 체험하도록 유도하는 방식이다.

전생퇴행의 개념은 20세기 초반 서구 심리학자들과 최면술사들에 의해 대중화되기 시작했다. 이들은 최면 상태에서 환자들이 비현실적이거나 이전 생애를 암시하는 기억을 떠올리는 것을 관찰하고, 이를 전생의 기억으로 해석했다.

대표적인 사례로 자주 언급되는 이름들은 다음과 같다.

브라이언 와이스(Brian L. Weiss) 정신과 의사이자 전생퇴행요법의 대표적인 인물이다. 그는 《*Many Lives, Many Masters*》(국내번역제목 『나는 환생을 믿지 않았다』)에서 최면을 통해 환자들이 전생의 기억을 떠올리며 치유되는 과정을 기록했다. 이

책은 엄청난 베스트셀러가 되었고, 많은 사람들이 최면 전생 체험에 열광하게 했다.

이언 스티븐슨(Ian Stevenson) 미국의 정신과 의사로, 어린 이들이 자신의 전생을 기억한다는 사례를 연구하며 유명해졌다. 그는 주로 아시아와 중동에서 전생의 기억을 주장하는 아이들의 이야기를 수집하고 기록했다.

전생퇴행 요법은 심리적 고통의 원인을 전생으로 돌림으로써 환자를 치유한다는 주장과 함께 빠르게 대중화되었고, 윤회나 환생을 믿는 사람들에게 열렬한 지지를 받았다. 전생퇴행 요법은 처음에는 호기심과 신비주의의 대상으로 주목받았지만, 시간이 지나면서 대중문화에 깊이 스며들었다.

브라이언 와이스의 책과 같은 사례는 많은 이들에게 전생을 확인하고 싶다는 충동을 불러일으켰다. 심지어 TV 쇼와 영화에서도 최면 전생체험을 흥미로운 소재로 활용하기 시작했다.

일부 심리치료사들은 환자의 공포증이나 심리적 트라우마를 전생의 기억으로 연결해 치료하려는 시도를 했다. 하지만 이러한 실험들은 전생의 기억이 과연 사실인지, 아니면 최면 상태에서 무의식이 만들어낸 허구의 기억인지를 검증하지 않은 채 과장되어 일반 대중들에게 퍼져나갔다.

❀ 암시와 거짓 기억으로 조작되다

최면 상태는 인간의 의식이 고도로 이완된 상태로, 이때는 주변의 암시와 무의식에 크게 영향을 받는다. 전생 체험이 신비한 이유는 최면 상태에서 마치 실제처럼 느껴지는 경험을 할 수 있기 때문이다. 그러나 이러한 경험의 대부분은 과학적으로 암시와 거짓 기억으로 설명될 수 있다.

최면 상태에 들어간 사람은 최면을 유도하는 최면술사나 치료사의 암시에 매우 취약해진다. 예를 들어 치료사가 전생을 떠올려 보라고 말하면, 최면 상태의 사람은 실제로 전생이 존재한다고 믿고 그에 맞는 이야기를 만들어낼 수 있다.

최면 상태에서 무의식적으로 형성된 상상은 실제 기억과 구분이 어렵다. 어떤 환자가 최면 중 "당신은 전생에 중세 시대 사람이었어요"라는 암시를 받으면, 그 환자는 자신이 중세 시대를 살았다고 느끼며 구체적인 이야기와 배경까지 만들어내기도 한다. 하지만 이는 단순히 상상력과 무의식적 기억의 조합에 불과하다.

최면 상태에서 전생을 본다는 경험은 대부분 거짓 기억(False Memory) 현상으로 설명된다. 최면은 실제의 기억을 되살리는 과정이 아니라, 뇌가 무의식적으로 상상이나 환상을 조합해 만든 이미지를 실제의 기억처럼 느끼게 하는 과정이다. 최면 상태에서 경험한 전생은 주관적인 체험일 뿐, 실제로 존재했던 기억일 가능성은 거의 없다.

거짓 기억이 형성되는 메커니즘은 다음과 같다.

암시 "당신의 전생을 떠올려 보세요"라는 문장은 무의식에 강한 영향을 미친다.

기존 지식과 상상력 사람들은 자신의 문화적 배경, 역사적 지식, 책이나 영화에서 접한 이미지들을 바탕으로 전생의 이야기를 만들어낸다.

확신의 오류 최면 상태에서 떠오른 상상은 강렬한 감정을 동반하기 때문에 실제 기억처럼 느껴진다.

또한 전생체험에서 흥미로운 점은, 대부분의 사람들이 과거에 특별한 존재였다고 주장한다는 것이다. 서구에서는 로마 시대의 귀족이나 유명한 전사, 중세 유럽의 왕족으로 태어났다고 말하는 경우가 많다.

동양에서는 불교적 전생이나 역사적 인물로의 환생을 경험하는 사례가 빈번하다.

전생체험은 개인의 잠재의식이 자신이 살고 있는 문화적 환경과 지식을 기반으로 만들어낸 환상일 가능성이 크다.

서구의 전생체험에는 기독교적 천국과 중세 시대 로맨스가 섞여 있으며, 동양에서는 윤회와 업보의 신념이 투영된다.

흥미로운 점은 전생을 본다는 사람들 대부분이 평범한 농부나 하인, 노예였다고 말하는 경우는 드물다는 것이다. 전생체험은 종종 자아를 특별하게 보이고 싶어 하는 심리적 욕구가 반영된 결과일 수 있다. 누군가는 로마의 검투사였고, 누군가는 고대 이집트의 공주였다.

하지만 정작 현실에서 평범했던 사람들의 전생 이야기는 거의 등장하지 않는다. 이는 전생체험이 진리라기보다는, 개인의 무의식이 문화적 기대와 자기애를 반영한 결과임을 보여준다.

❈ 국내 최고 전생 최면 전문가의 결론

우리나라 1세대 전생 최면가인 설기문 박사는 전생 최면을 수 없이 시켜보고 난 뒤에 한가지 결론에 도달하였다. 그의 홈페이지에 전생 최면에 대해서 정리해 놓은 글이 있어서 핵심 결론 부분만 추려 보았다.

전생의 유무가 사실이냐, 아니냐는 전생 치료의 본질과는 아무런 관련이 없습니다. 전생 치료는 고통을 경험하고 있는 내담자의 무의식에 저장된 직간접 경험들이 모인 기억들을 이용한 치료법으로 이해하는 것이 좋습니다.

무의식에 입력된 다양한 정보로 인해 내담자는 심신 건강에 영향을 지대하게 받고 있기 때문에 최면 치료나 전생 퇴행이라 불리는 최면 상담 과정을 통해 마음의 회복을 돕는 것으로 이해하면 됩니다.

전생 치료 혹은 빙의 치료라는 이름을 쓰고 있지만, 이는 사실 여부와 전혀 관계가 없으며 한 개인의 무의식 프로그램을 수정하는 심리상담의 한 방법으로 이해하는 것이 바람직할 것입니다.

사람들이 항상 전생을 볼 수 있나요?라는 질문을 합니다. 이에 제가 솔직하게 감히 말씀드리겠습니다. 전생이라는 것은 하나의 허구에 불과합니다.

전생도 없고, 현생도 없고, 윤회도 없습니다. "전생 그런 거 사기 아니야?"라고 묻는 분들께 말씀드립니다.

네, 사기 맞아요. 왜냐고요?

시간이라는 것 자체가 하나의 환상이기 때문이지요.

시간은 물리적으로 절대적인 것이 아님은 이미 아인슈타인 박사가 과학적으로 입증한 사실입니다.

우리의 뇌는 과거와 미래가 마치 물리적으로 존재하는 절대적인 가치가 있는 것이라고 착각하며 그 형상에 따라 자아상과 정체성과 가치관을 열심히 만들어가며 사는데 말이지요.

'우리가 경험하는 것은 현재 이 순간밖에 없습니다'라고 말하는 순간 0.0000001초에 현재는 휘리릭 지나가 버립니다. 그 무엇이 환상이 아니겠습니까? 과거도 없고 미래도 없습니다.

지금 확실히 경험하고 있는 것 같은 현실 역시 얇디 얇은 종이 한 장, 그것보다 몇만 배 더 얇습니다.

무엇보다 전생이 없는 것은 나라는 것이 없기 때문입니다.

어디에서 내가 끝나고 내가 시작합니까? 존재라는 것 안에 알맹이가 있음을 확신합니까?

불교의 반야심경에서 이렇게 가르칩니다. '모든 존재는 텅 빈 것이므로 생겨나지도 없어지지도 않으며, 더럽지도 깨끗하지도 않으며, 늘지도 줄지도 않느니라.'

나라는 개념에 사로잡혀 내가 가지고 있는 아픔, 문제, 집착 이런 것들에 묶여서 과거 현재 미래에 있는 나의 지속성을 맹신하며 답을 찾고 치유와 자유를 찾으려 전생 체험을 한다면 쇠사슬에 묶인 채로 하늘을 날려는 것과 다르지 않습니다.

모든 것을 의심하세요. 그 무엇도 믿지 마세요. 무엇보다 자연 현상에서 분리와 분열을 만드는 정체성을 의심하세요. 전생 뿐 아니라 인간이 만들어내는 그 어떤 지식도, 이념도, 체계도 궁극적으로는 사기입니다. 그것을 인지하는 사람은 진정한 자유를 찾게 됩니다.

우리나라 최고의 전생 체험치료를 시행했던 전문가로서 설기문 박사는 수많은 전생 체험자들의 사례를 접하면서 의문을 가지게 되었고 현대과학과 불교 경전을 공부하면서 해답을 찾은 것이다.

아무리 오랜 세월 동안 그것을 믿고 착각하고 산다 할지라도 하면 할수록, 깊어지면 깊어질수록 진실이 아닌 것은 결국 의문을 불러 일으킨다. 지혜로운 사람은 결국 거기서 벗어날 수밖에 없는 것이다.

❀ 전생체험은 환상이다

최면 전생체험은 흥미롭고 신비한 이야기처럼 들리지만, 그 실체를 따져보면 과학적 신뢰성이 부족하다. 최면 상태에서의 전생은 암시와 무의식적 상상의 결과일 뿐이다.

거짓 기억의 형성 메커니즘은 최면 전생체험이 실제 과거의 경험이 아니라, 개인의 심리적 투영임을 보여준다. 전생체험은 문화적 배경과 기대에 따라 달라지며, 이는 환생이라는 개념이 보편적 진리가 아님을 시사한다.

따라서 최면을 통해 본다는 전생은 과학적으로 검증된 기억이 아니라, 개인의 무의식과 문화적 상상이 만들어낸 환상일 뿐이다. 진리를 찾고자 하는 사람은 이러한 전생의 신비에 집착하기보다는 지금 이 순간을 직시해야 한다.

유아윤회(有我輪廻)의 모순

누군가는 이렇게 말한다. "몸은 껍데기에 불과하다. 진짜 나는 영혼이다. 육체는 언젠가 죽지만, 내 영혼은 죽지 않고 다시 태어난다. 그리고 살아가는 동안 쌓은 업보(카르마)에 따라 다음 생의 삶이 정해진다." 이것이 바로 유아윤회(有我輪廻)의 기본 신념이다.

❀ 유아윤회란 무엇인가?

육체는 일시적인 것이지만, 그 안에 있는 영혼(아트만, Atman)은 계속해서 윤회를 반복한다고 믿는 것이다.

우리가 지금 겪고 있는 고통도 전생에 지은 업(業)의 결과이며, 이 생에서 선한 업을 쌓으면 다음 생에는 더 나은 삶을 살게 될 것이라고 믿는다.

이런 이야기는 상당히 매력적이다. 자신의 삶이 무작위로 결정된 것이 아니라 전생의 업보에 의해 정해졌다는 논리는 어떤 면에서는 공정해 보이기도 한다. 또한, 현재의 삶이 불행하더라도 다음 생은 더 나아질 수 있다는 희망을 준다. 내 영혼이 사라지지 않으니까 죽음을 두려워할 필요도 없다.

이러한 윤회와 업보라는 신념이 수천 년 동안 많은 사람들에게 위안이 되는 의지처가 되었고, 오늘날에도 여전히 많은 종교와 사상에서 중요한 교리로 남아 있다.

그러나 이 신념이 진리인가? 유아윤회는 매력적인 믿음일 수 있지만 논리적으로도, 철학적으로도, 과학적으로도 엄청난 모순을 안고 있다.

❈ 유아윤회의 기원과 발전

유아윤회의 기원은 수천 년 전 고대 인도로 거슬러 올라간

다. 인도에서 윤회 개념이 처음 등장한 시기는 기원전 1500
년경 베다(Veda) 문헌까지 거슬러 올라간다.

이 당시 사람들은 죽음 이후에도 영혼이 남아 천상의 세계
로 가거나 지하세계로 내려간다고 믿었다.

즉, 초기에는 사후세계가 단순하였으므로 윤회라는 개념이
없었다. 그러나 시간이 흐르면서 변형되기 시작했다. 기원전
800년경 등장한 우파니샤드(Upanishad) 철학에서 윤회의 개념
이 본격적으로 발전했다.

이 시기에는 인간의 영혼을 아트만(Atman)이라 부르며, 그
것이 죽어도 사라지지 않고 다른 육체로 들어가 다시 태어난
다고 설명했다. 그리고 이 윤회의 과정에서 전생의 행위로
인한 업보(카르마)가 새로운 삶의 형태를 결정한다고 믿었다.

이 개념이 정착되면서 인도에서 윤회는 신의 뜻이 아니라,
업보에 의해 결정되는 과정으로 자리 잡게 되었다.

그런데 기원전 6세기경에 석가모니가 등장하면서 이 사상
은 커다란 변화를 맞이하게 된다. 석가모니는 윤회를 전제로
한 브라만교의 교리를 정면으로 반박했다.

그는 무아(無我), 즉 영혼이라는 것은 실체가 없다고 선언
했다. 인간은 오온(五蘊)이라 불리는 다섯 가지 요소인 색,

수, 상, 행, 식으로 이루어져 있으며, 나라고 부를 만한 고정된 실체는 존재하지 않는다고 가르쳤다. 윤회를 할 영혼(아트만) 자체가 없다는 것이다.

그러나 석가모니가 입적한 후, 석가모니의 가르침이 힌두교적 윤회 개념과 뒤섞이기 시작했다. 특히 대승불교가 등장하면서 보살(菩薩) 개념과 윤회가 연결되었다. 보살은 중생을 구제하기 위해 열반에 들지 않고 자발적으로 윤회를 반복한다는 사상이 생겨났다. 이렇게 불교에서도 윤회 개념이 일부 들어오면서 유아윤회사상이 더욱 강해졌다.

✽ 유아윤회는 자아에 대한 집착이다

윤회라는 개념이 이렇게 오랜 세월 동안 수많은 종교와 사상에 영향을 끼쳐왔지만, 사실 유아윤회는 여러 가지 면에서 엄청난 모순을 안고 있다. 유아윤회가 성립하려면 반드시 영혼이라는 실체가 있어야 한다.

그러나 불교의 핵심 교리인 무아(無我)는 이를 정면으로 부정한다. 고정된 자아(아트만)는 없다는 것이 불교의 근본 가르침이다.

부처님께서는 금강경에서 아상, 인상, 중생상, 수자상이 있으면 보살이 아니라고 말씀하셨다. 즉 이러한 4가지 견해가 있으면 깨달음이 드러날 수 없다는 것이다

아상(我相 Atman Samjna)이란 고대 인도의 브라만교에서 주장한 영원불멸의 존재인 아트만(Atman)에 근거한 견해로서 자아(自我)가 있다는 생각을 말한다.

내가 있다고 생각하는 순간 대상이 생겨나고 그로부터 모든 만물이 생겨나 이 현상계가 만들어지게 된다. 인상, 중생상, 수자상 또한 아상의 다른 표현일 뿐이다.

인상(人相 Pudgala Samjna)이란 인간의 몸이나 마음에 내재하고 있는 어떤 개체적 원리를 말한다. 부파불교시대에 독자부(犢子部)에서 주장한 개아(個我, 뿌드갈라/Pudgala)를 말한다.

뿌드갈라란 중생에게 무너지지 않고 없어지지 않는 어떤 실체가 개체적으로 존재한다는 견해로서, 나고 죽음을 영원히 반복하더라도 이 실체는 사라지지 않고 영원히 존재한다

는 주장이다.

후대 유식사상에서의 아뢰야식과도 비슷한 개념인데, 아뢰야식은 윤회의 주체로서 연속성은 있지만 실체적 개념은 아니라고 하는 반면에, 뿌드갈라는 생사를 초월한 윤회의 주체로 상정돼 있다.

개아는 나라는 상(我相)의 연장선상에 있다는 것은 분명하다. 나와 상대에 대한, 혹은 내가 인간이라는 생각에 대한 분별로 보더라도 이것은 나라는 상이 있기 때문에 생겨나는 아상의 연장이라 하겠다.

중생상(衆生相, Sattva Samjna)에서 Sattva란 넓게는 존재하는 모든 것 혹은 살아있는 모든 것을 나타내는 말로서 불교에서는 깨달음을 성취하지 못한 모든 생명체를 의미한다. 이것을 구마라습은 중생(衆生)으로 현장은 유정(有情)으로 번역했다.

수자상(壽者相, Jiva Samjna)의 원어인 Jiva는 영혼, 목숨, 생명이라는 말인데, 부처님 당시 자이나교에서 주장한 생사를 초월한 존재 또는 영원불멸의 순수영혼이 있다는 견해로서, 구마라습은 수(壽)로 현장은 명(命)으로 번역했다.

따라서 수자(壽者, 산스크리트어 Jiva)란 목숨 달린 존재(생명체, 육신을 가진 존재)를 말한다. 부처님과 같은 시대를 살았던 마하비라 Mahavira가 창시한 자이나교(Jainism)에서 순수한 영혼(Jiva)으로 설정했던 것이니, 이 또한 불교 입장에선 비판의 대상으로 삼았다.

오온(五蘊)은 모두 실체가 없어 한시도 머물지 못하는 무상한 존재이다. 그러나 이를 바로 알지 못하고 그 속에 영생불멸의 윤회하는 주체로서 순수영혼이 있다고 믿는다. 오온은 사라져도 이것은 사라지지 않는다고 여기는 그릇된 착각이 수자상이다.

부처님께서는 윤회하는 주체로서의 아상 인상 중생상 수자상 이 네가지 상을 무아연기의 가르침으로 모두 부정하였다.

만약 윤회가 있다면 윤회하는 나는 도대체 무엇인가? 유아 윤회의 주장대로라면, 전생의 나와 현생의 나는 같은 영혼을 공유해야 한다. 그런데 왜 우리는 전생을 기억하지 못하는가?

기억이 사라졌다면, 그것이 같은 존재라고 말할 수 있는가? 윤회를 믿는 사람들은 육체가 바뀌면서 기억이 사라진다는 애매한 답변을 내놓는다.

그러나 기억을 포함하지 않는다면 그 영혼이 같은 영혼임을 어떻게 증명할 수 있는가? 고대 인류의 인구는 수백만 명에 불과했지만, 지금은 80억 명이 넘는다.

만약 윤회하는 영혼이 정해져 있다면, 이 많은 영혼들은 어디서 온 것인가? 만약 새로운 영혼이 계속 생겨난다면, 전생이 있다는 논리는 더 이상 성립할 수 없다.

이것은 유아윤회 개념이 논리적으로 성립하지 않는다는 강력한 증거 중 하나다.

유아윤회는 단순한 종교적 믿음에 불과하며, 논리적으로 모순이 가득한 개념이다. 윤회하려면 고정된 자아(영혼)가 있어야 하지만, 불교의 무아(無我) 개념과 충돌한다.

윤회하는 영혼이 같다고 주장하려면 기억이 이어져야 하지만, 그렇지 않다면 같은 존재라는 주장은 성립하지 않는다. 또한 인구 증가 문제를 설명할 수 없다.

따라서 깨달음을 찾는 구도자라면 윤회는 단순히 위안을 주는 신념일 뿐이라는 것을 알고 윤회라는 허상의 개념을 내려놓고 진정한 자유를 향해 나아가야 한다.

무아윤회(無我輪廻)의 모순

불교의 핵심 가르침은 무아(無我)와 연기(緣起)다. 석가모니는 나라는 고정된 자아나 영혼이 존재하지 않으며, 모든 것은 상호 의존적이고 조건에 따라 일어났다 사라진다는 것을 깨달았다. 그런데도 불교 내에서 무아윤회라는 개념이 등장해 논의되기 시작했다.

✳ 무아윤회란 무엇인가?

이 개념은 자아는 없지만, 업(카르마)이나 의식의 씨앗이 남아 새로운 존재로 윤회한다고 설명한다. 언뜻 보기에는 무아와 윤회를 동시에 설명하려는 시도처럼 보이지만, 논리적으로 무아윤회는 심각한 결함과 모순을 드러낸다.

주체가 없는데 어떻게 업이 남아 전이되는가? 모든 것이 조건에 따라 소멸한다면, 업을 짓고 윤회하는 주체는 누구인가?

무아윤회(無我輪廻)는 자아(영혼)가 존재하지 않음에도 불구하고, 업보(카르마)나 의식의 씨앗이 새로운 존재로 전이된다고 주장하는 개념이다. 고정된 나는 없다고 하지만, 이전 삶의 행위와 결과(업보)가 사라지지 않고 남아 새로운 존재로 이어진다고 한다.

즉 나라는 실체는 없지만 행위의 결과나 흔적은 독립적으로 남아 윤회한다는 주장이다. 이는 불교가 초기에 무아를 가르치면서도, 윤회의 개념을 대중들에게 이해시키기 위해 방편으로 사용했던 흔적에서 비롯되었다.

무아윤회를 주장하는 사람들은 윤회를 하는 것은 어떤 고정된 주체가 아니고, 살면서 지은 업식이 윤회한다고 한다. 언뜻 들어보면 철학적인 것 같기도 하다. 그러나 돌려서 말할 것 없이 직설적으로 물어보자.

그러면 그 업식이 주체라는 뜻인가? 영혼이 윤회한다는

것과 업식이 윤회한다는 것이 뭐가 다를까? 영혼이 왔다 갔다 한다는 것과 업식이 왔다 갔다 한다는 것이 무슨 차이가 있나?

그러니까 이것은 힌두교의 유아윤회보다도 더 웃기는 것이다. 그냥 주체가 없으면 없는 것이지, 주체는 없지만 업식이 왔다 갔다 한다는 것이 도대체 무슨 말인가?

지금 무아윤회를 주장하는 사람들은 이렇게 말하고 있는 것이다. 남방불교에서 이렇게 주장한다. 이 업식을 쌍카라라고 한다.

이 쌍카라를 한문으로 번역해 놓은 것이 행(行)이다. 12연기에서 무명(無明) 다음에 나오는 행(行)이다. 그것이 쌍카라고 또 삼법인에 보면 제행무상(諸行無常)이 있다. 바로 그 행이 쌍카라다. 그런데 이 제행 무상의 뜻은 '모든 업식(상카라)은 무상하다'라는 것이다.

모든 업식이 항상하지 않다. 영원하지 않고 계속 변한다는 뜻이다. 그래서 그 무상을 깨닫게 되면 바로 무아를 깨닫게 된다는 것이다.

제법무아는 세상의 모든 존재에는 주체로서의 자아가 없다는 뜻이다. 모든 업식이 한순간도 유지되는 것이 없이 계속

무상하게 변하는 것이므로 이 세상 모든 존재는 주체로서의 자아라는 것이 있을 수 없다는 것이다.

과학적으로 한번 살펴보자. 우리 몸은 세포로 이루어져 있다. 세포라는 것이 3개월에서 길어봐야 3, 4년이면 싹 다 바뀐다고 한다. 그러면 우리가 태어나서 지금까지 몇 번이나 바뀌었을까? 엄청나게 바뀌었을 것이다.

그런데 우리는 그냥 이것을 변함 없는 나라고 한다. 태어날 때 그 세포들이 지금은 모두 없어졌다. 그것도 몇 번이나 바뀌었다.

그런데 태어날 때 이름 붙여진 그대로 자기 자신을 부르고 있다. 그러면서 계속 '나는 나로서 이렇게 존재하고 있다'라고 생각한다. 이것이 착각이라는 것이다.

태어나면서부터 이름 붙여졌다고 해서 그것이 진짜 주체로서의 내가 아니다. 그것은 그냥 이름일 뿐이다. 우리의 몸은 이미 다 바뀌었는데 이름은 그냥 붙어 있는 것이다. 그러나 그 이름이 진짜 나는 아니다. 그냥 현상적으로 우리가 서로 의사소통을 하기 위해서 붙여진 개념일 뿐이다.

✺ 무아윤회의 합리화 과정

초기 불교에서 석가모니는 명확하게 무아를 가르쳤다. "우주 만물에 고정된 자아는 없다. 존재는 오온(색·수·상·행·식)의 조합일 뿐이며, 모든 것은 조건에 따라 변화하고 소멸한다."

윤회가 명확한 허구임을 드러낸 것이다.

그러나 시간이 흐른 뒤에 불교가 대중화되는 과정에서 사람들은 무아를 이해하기 어려워했고, 윤회라는 익숙한 틀을 받아들이게 되었다. 이때부터 불교 안에서 무아윤회라는 개념이 등장하기 시작했다.

초기 불교의 가르침을 이어받은 상좌부 불교나 대승불교는 무아를 유지하면서도, 윤회를 설명하기 위해 업(카르마)과 의식(업식, 아뢰야식)의 전이 같은 개념들을 도입했다.

업보(카르마)에 의해 형성된 행(行. 상카라)이 윤회한다는 주장은 행위는 결과를 남기고, 이 결과는 고정된 자아가 없어도 새로운 존재로 전이된다는 것이다

의식의 흐름(업식, 아뢰야식)이 윤회하며 지속된다는 개념은 자아는 없지만, 의식의 흐름이나 업의 저장소(아뢰야식)가 단

절되지 않고 남아 윤회한다는 것이다.

특히 대승불교의 한 분파인 유식학파(唯識學派)에서 주장된 아뢰야식(알라야식)은 업보의 저장소로서 모든 업이 그곳에 잠재적으로 저장되어 윤회를 하게 된다고 설명한다. 대승불교 특히 미란다 상카라(Miranda Sankara) 등의 유식학자들은 아뢰야식이라는 업의 저장소를 통해 무아와 윤회를 양립시키려 했다.

✵ 무아와 윤회는 양립할 수 없다

무아윤회는 논리적으로 큰 결함을 안고 있다. 자아가 없다면, 누가 윤회하며 무엇이 업을 전달하는가? 이는 마치 쓴 사람이 없는 편지가 스스로 배달된다고 주장하는 것과 같다. 무아윤회는 고정된 주체(영혼)가 없다고 하면서도, 업보(카르마)는 전달된다고 주장한다.

하지만 업식을 전달하려면 업을 지닌 주체가 필요하다. 나라는 실체가 없다면, 업을 짓고 전달하는 존재는 무엇인가? 불교의 연기법에 따르면 모든 것은 조건에 따라 일어나고 사라진다.

그렇다면 죽음과 함께 업보의 흔적도 소멸해야 한다. 고정된 실체 없이 흔적만 남아 새로운 존재로 이어진다는 설명은 석가모니가 가르친 무아가 무엇을 의미하는지 모르는 상태에서 윤회라는 틀을 억지로 유지하기 위한 논리적 왜곡에 불과하다.

대승불교 유식학에서는 업의 저장소로서 아뢰야식(알라야식)을 제시하며 무아윤회를 설명하려 했다. 그러나 이 개념은 무아라는 부처님의 가르침에 어긋난다.

아뢰야식이 존재한다면, 그것은 고정된 실체와 다를 바 없다. 아뢰야식이라는 개념 자체가 윤회하는 주체를 암묵적으로 인정하는 셈이 된다. 이는 결국 무아의 가르침과 정면으로 충돌한다.

무아윤회는 무아를 유지하면서도 동시에 업을 짓고 과보를 받는 주체를 어떻게 해서든 유지하려는 논리적 모순이다. 무아윤회는 업의 흐름이나 의식의 흔적이 남아 새로운 삶으로 이어진다고 말한다.

하지만 이 역시 추상적이고 비현실적인 추론에 불과하다. 흔적이나 흐름이 전달된다고 하지만, 그것을 이어받는 주체가 없다면 그 흔적은 의미가 없다. 물리적, 철학적으로 보면 전달하는 주체 없는 결과물의 이동은 성립할 수 없다.

이는 마치 주인이 없는 그림자가 혼자 걷는다고 주장하는 것과 같다. 그림자는 실체가 없기에 스스로 움직일 수 없다. 업도 주체가 없다면 전달될 수 없는 허상에 불과하다.

❀ 무아윤회는 에고를 합리화한다

무아윤회는 고정된 자아가 없다는 무아라는 진리를 윤회 라는 개념에 억지로 끼워맞춘 결과이다. 이는 나라는 존재가 없음을 인정하지 못하는 집착에서 비롯되었다.

사람들은 죽음 이후의 두려움과 나에 대한 집착을 극복하 지 못하고, 무아의 진리를 받아들이는 대신 업의 흐름이라는 애매한 개념을 만들었다

결국 무아윤회는 윤회를 합리화하기 위해 만들어진 허구에 불과하다. 진리는 명확하다.

모든 것은 조건에 따라 일어났다 사라질 뿐이다. 업보도, 의식도 주체가 없다면 전이될 수 없으며, 윤회는 그저 자아

(에고)에 대한 집착이 만들어낸 거짓이다.

결국 무아윤회는 자아에 대한 집착과 죽음에 대한 두려움에서 비롯된 어리석은 이야기일 뿐이다. 진리를 바로 보려면 윤회의 허상을 내려놓고, 무아의 실상을 꿰뚫어야 한다.

윤회사상은 왜 위험한가?

삶의 고통과 죽음의 두려움에서 벗어나고 싶어하는 사람들에게 윤회는 위로와 희망을 준다. 그러나 깨달음의 길에서 윤회를 믿고 의지처로 삼는 것은 단순한 위안을 넘어 중대한 장애물이 된다.

윤회를 믿는 것은 무아(無我)와 연기(緣起)의 진리를 이해하지 못하게 만들 뿐 아니라, 현재 삶의 본질을 외면하고 왜곡된 시각과 자신에 대한 집착을 키운다.

윤회는 정치적, 과학적, 철학적 그리고 깨달음의 관점에서 모순으로 가득 차 있으며 깨달음의 본질인 무아와 연기의 진리를 가림으로써 미혹 속에서 헤어나지 못하게 만든다.

✿ 윤회는 에고를 강화한다

구도자의 길에서 깨달음을 가로막는 가장 큰 요인은 무엇인가? 바로 에고(Ego), 즉 나라는 집착이다. 그러나 윤회라는 개념은 이 에고를 더욱 강하게 만든다. 깨달음은 나라는 고정된 자아를 해체하고 허상을 내려놓는 것이다.

그러나 윤회를 믿는 순간, 우리는 전생과 다음 생이라는 시간의 틀 속에 갇혀 나라는 자아를 더욱 강하게 붙잡는다. 윤회는 에고를 부추기고, 과거와 미래에 집착하게 만들며, 현재의 삶에서 눈을 돌리게 한다.

윤회가 성립하려면 나라는 고정된 실체가 있어야 한다.

'나는 과거에도 존재했으며, 미래에도 계속 존재할 것이다. 나는 사라지지 않는다. 단지 몸만 바뀔 뿐이다.'

이 말들은 나라는 개념을 더욱 강화시킨다. 깨달음의 길은 나를 내려놓는 것인데, 윤회는 나가 계속된다는 전제를 만들고 나라는 실체가 있다는 생각을 굳히게 한다.

윤회를 믿으면 우리는 이렇게 생각하기 쉽다.

전생의 업 때문에 나는 지금 이런 삶을 살고 있다.

이런 생각은 허구에 불과한 나의 삶, 나의 운명, 나의 스토리를 더욱 강하게 만든다.

현재의 삶은 전생의 결과가 되고, 미래의 삶은 현생의 업보로 결정된다고 믿게 됨으로써 지금 이 순간을 살지 못하고 과거와 미래에 대한 집착 속에서 헤어나오지 못하게 한다.

이런 믿음은 삶의 실상을 알지 못하게 가로막는다. 현재 삶에 대한 체념과 수동적인 삶의 태도를 만들고 자신을 불행 속에 가두어 버린다.

윤회를 믿으면 우리는 자신의 삶을 특별하게 여기게 된다. '나는 특별한 존재야. 나는 무언가를 배우기 위해 이 생에 태어났어. 나는 특정한 목적을 가지고 이 세상에 온 거야.' 그러나 깨달음의 진리는 정반대다.

나라는 것은 허상이다. 모든 것은 연기(緣起)에 의해 순간순간 변할 뿐이다. 나라는 주체가 고정된 실체로서 존재하는 것이 아니다.

윤회는 이러한 깨달음을 가로막고, 나는 특별하다는 착각을 더욱 부추긴다. 이것이 바로 윤회가 깨달음의 길에서 위험한 이유다.

✵ 윤회는 진리를 왜곡한다

윤회가 위험한 또 다른 이유는 진리를 왜곡하기 때문이다. 어떤 방식으로 윤회는 진리를 가리는가? 깨달음이란 나라는 고정된 실체가 없다는 것을 깨닫는 것이다.

석가모니는 보리수 밑에서 나라는 존재는 단지 조건적 현상의 결과일 뿐이며, 독립적 실체가 아님을 꿰뚫어 보았다. 그러나 윤회는 나라는 존재가 사후에도 계속된다고 가정함으로써, 이 진리를 흐리게 한다.

깨달음은 나라는 환상을 벗어나는 것이다. 그러나 윤회는 나라는 고정된 자아가 연속된다는 믿음을 유지하게 한다. 윤회는 에고의 또 다른 이름일 뿐이다. 진리는 그것을 초월한 곳에 있다. 윤회의 틀은 연기의 진리를 가릴 뿐만 아니라 연기의 법칙과도 충돌한다.

연기는 모든 것이 상호 의존적으로 조건에 의해 발생함을 가르치지만, 윤회는 독립적 자아의 연속성을 주장한다. 윤회는 깨달음으로 가는 문이 아니라, 잘못된 방향으로 이끄는 미로다.

깨달음의 본질은 윤회를 부정하거나 종식하는 것이 아니

라, 윤회라는 틀 자체를 부수는 것이다.

윤회는 고통의 본질을 흐린다

윤회는 기존 사회 질서를 유지하는 도구로서 기능하고 있다. 전생과 내생에 대한 환상은 현재 삶의 고통에 대한 원인과 본질을 제대로 보지 못하게 하고 사회적 문제에 대한 잘못된 관점과 태도를 가지게 한다.

윤회는 고통의 원인을 전생의 업보에서 찾는다. '네가 가난한 것은 전생에 나쁜 짓을 해서야. 네가 병든 것은 전생에 올바르게 살지 못했기 때문이야.' 이런 논리는 현실의 문제를 외면하게 만든다.

가난한 사람이 가난한 이유는 경제적, 사회적 구조 때문일 수도 있다. 억압받는 사람이 고통받는 이유는 차별과 불공정 때문일 수도 있다.

그러나 윤회는 이러한 문제를 모두 전생의 업보 탓으로 돌려버린다. '네가 전생에 착한 일을 했다면, 이번 생에는 부자로 태어났을 거야.' 이 말은 결국, 사회적 불평등과 불의를 그냥 받아들이게 만든다.

윤회는 이 세상의 문제를 해결하는 것이 아니라, 오히려 정당화하는 위험한 도구가 된다. 우리는 다음 생을 위해 사는 것이 아니라, 지금 이 순간을 사는 것이다. 윤회는 이 단순한 사실을 흐려 놓는다.

윤회는 유용한 종교적 신념이 아니다. 그것은 에고를 강화하고, 진리를 왜곡하며, 사람들이 삶의 본질을 보지 못하게 만든다. 이제 우리는 윤회를 내려놓아야 한다. 깨달음은 다음 생을 위한 것이 아니라, 지금을 위한 것이다.

윤회라는 거짓된 신념은 우리를 끊임없이 착각 속에 빠뜨린다. 다음 생이 있다는 믿음은 현재를 온전히 사는 것을 방해하며 전생의 업보라는 개념은 현실의 불합리한 구조를 방치하게 만든다.

나라는 자아를 계속 유지하려는 집착도 더 강해진다. 생사 윤회에서 벗어난다는 것이 도리어 깨달음의 가장 큰 장애물이 되는 것이다.

윤회는 오랜 세월 동안 사람들에게 삶과 죽음의 의미를 설명하고, 고통에 대한 위안을 제공하는 역할을 해왔다.

그러나 윤회는 우리를 고통의 순환에서 벗어나게 하지 못한다. 오히려 그것은 고통과 집착을 반복하게 만드는 사슬이다. 진정한 자유는 이 윤회라는 개념을 버리고 무아(無我)와 연기(緣起)의 진리를 깨달아야 가능하다. 무아를 깨닫는 순간, 윤회한다는 착각은 더 이상 의미를 상실하게 된다.

제4장

석가모니의
깨달음은 혁명이다

고타마 싯다르타가 보리수 아래에서 깨달은 것은 세상의 본질과 삶의 고통에서 벗어나는 길이었다. 그의 깨달음을 제대로 이해하지 못하면, 그의 가르침을 왜곡하거나 겉핥기식으로 받아들일 위험이 있다. 그래서 우리는 그가 깨달은 것의 본질을 탐구해야 한다. 싯다르타가 체득한 진리가 무엇이었는지, 그것이 왜 윤회와 본질적으로 양립할 수 없는지 살펴보자.

깨달음이란 무엇인가?

깨달음이란 무엇인가? 라는 질문은 인류 역사에서 가장 오래된 물음 중 하나다. 이 질문에 대한 답을 찾기 위해 수많은 사람들이 오랜 시간 매달려왔다. 많은 사람들은 깨달음을 도달해야 하는 특별한 경지로 여긴다.

깨달음에 이르면 신비한 능력을 얻고, 세상의 고통에서 벗어나며, 영적인 차원에서 완전히 새로운 존재로 거듭날 것이라 기대한다. 그러나 역사상 진정한 깨달음을 드러낸 스승들은 한결같이 이렇게 말한다.

"깨달음이란 특별한 무엇이 아니다. 그것은 무언가를 찾고 얻는 과정이 아니라, 본래 우리에게 내재한 것을 드러내는 과정이다."

"깨달음은 새로운 지식을 습득하거나 무언가를 성취하는 일이 아니다. 오히려 우리가 쌓아온 거짓된 믿음과 개념, 환상을 내려놓을 때 자연스럽게 드러나는 본질적 상태이다."

깨달음이란 없던 것을 새로 만드는 과정이 아니라 허상을 제거하는 과정이다. 무언가를 얻어야 한다고 생각하는 순간, 우리는 오히려 깨달음에서 멀어질 뿐이다.

그렇다면 왜 우리는 지금 이 순간의 깨달음을 보지 못할까? 그것은 우리 스스로가 그 빛을 가리고 있기 때문이다.

❀ 깨닫기위해서 길을 나서다

싯다르타는 깨달음의 길을 찾기 위해 왕자의 삶을 버리고 출가하였다. 그는 당시 인도에서 가장 높은 수행법으로 여겨졌던 브라만교의 가르침을 배우고, 극단적인 수행과 명상을 통해 진리를 찾으려 했다.

그러나 6년간의 고행 끝에 그는 깨달음을 얻기 위한 이러한 노력들이 오히려 진리를 가로막는 장애물이라는 것을 알았다. 아무리 깊은 명상에 들어도, 아무리 극한의 고행을 감내해도 그것은 깨달음으로 가는 길이 아니었다.

싯다르타가 보리수 아래에 앉은 그 날, 그는 이미 6년간의 극심한 고행을 끝낸 상태였다. 고행의 길은 그를 쇠약하게 만들었고, 아무리 몸을 정화하고 괴롭혀도 진리를 알 수 없다는 것을 알아차리게 했다.

그는 결심했다.
'나는 더 이상 이 극단적인 길을 따르지 않겠다. 고통이나 쾌락에 사로잡히지 않고, 진리와 마주하겠다.'
그러고나서 보리수 아래에 고요히 앉았다.
그의 결심은 단호했다.
'만약에 진리를 보지 못한다면, 나는 이 자리에서 일어나지 않을 것이다.'

그는 명상 속에서 자신의 내면으로 깊이 들어갔다. 그는 고통과 삶, 그리고 자신이 알고 있던 모든 것과 마주했다. 고통은 어디에서 오는가? 라는 질문을 스스로에게 던지며, 고통의 근원을 직시했다.

고통은 우리 삶의 가장 기초적인 부분이었다. 출생, 늙음, 병듦, 죽음 그리고 원하는 것을 얻지 못하는 것과 원하지 않는 것에 묶이는 것 등의 고통은 단순한 우연이 아니라, 무지와 집착에서 오는 것임을 알게 되었다.

그는 이어서 질문을 던졌다.

'나는 누구인가? 이 고통을 느끼는 주체는 무엇인가?'

길고 긴 탐구 끝에 싯다르타는 마침내 답을 찾았다.

자아라고 믿었던 것은 단지 다섯 가지 요소(색,수,상,행,식)의 결합일 뿐이었다.

오온이라 불리는 이 다섯 가지는 끊임없이 변화하고 있었으며, 고정된 나라는 실체는 없다는 것을 그는 깨달았다.

❀ 드디어 무아연기를 깨닫다

'이 세상에 고정된 나라는 것은 없다. 모든 것은 조건에 따라 생겨나고, 조건에 따라 사라질 뿐이다.'

이것이 바로 석가모니가 깨달은 무아(無我)와 연기(緣起)의 법칙이었다.

깨달음은 오랫동안 집착해왔던 나라는 개념이 허상임을 아는 것이다.

우리는 평생 동안 나라는 것이 주체적으로 존재한다고 믿는다. '내가 생각하고, 내가 느끼고, 내가 존재한다.' 그러나 깊이 들여다보면, 나라는 것이 진정한 실체가 아니라는 것을 알게 된다.

내가 나라고 부르던 것은 단지 감각과 기억의 작용일 뿐이며, 그 속에 어떠한 고정되고 독립된 실체는 없다.

그렇다면 우리가 철석 같이 믿어온 나라는 것은 무엇인가? 그것은 오랜 습관과 개념에 의해 만들어진 허상일 뿐이다.

많은 사람들은 깨달음을 특별한 체험으로 오해한다. 마치 극적인 순간이나 특별한 사건이 있어야만 깨달음에 도달할 수 있다고 생각하는 것이다. 그러나 깨달음은 그러한 체험과는 본질적으로 다르다. 경험은 깨달음이 아니다. 경험은 생겼다가 사라질 뿐이다.

깨달음은 진실을 가리고 있는 모든 것을 내려놓고 지금 이
순간을 그냥 받아들이고, 있는 그대로를 체득하는 것이다.

무아란 무엇인가?

석가모니는 자아가 허상임을 명확히 보았다.
무아(無我)를 깨달은 것이다.

우리가 나라고 믿는 자아는 고정된 실체가 아니다.
그것은 색,수,상,행,식, 다섯 가지 요소의 결합으로, 끊임없이 변화하고 사라지는 조건적 현상이다.
자아에 대한 집착이 고통의 근본 원인이다. 우리는 변하지 않는 내가 존재한다고 믿고, 그것을 지키기 위해 끊임없이 갈망하고 두려워한다.
우리는 어릴 때부터 자연스럽게 나라는 존재가 확고히 실재한다고 믿으며 살아간다. 내 몸, 내 생각, 내 감정, 내 기억, 내 경험이 마치 나라는 한 개체의 속성인 것처럼 동일시되어 있다. 그래서 우리는 내가 선택하고, 내가 행동하며, 내가 살아가고 있다고 생각한다.

그러나 석가모니는 이러한 믿음이 환상에 불과하다는 것을 간파했다. 그가 깨달은 가장 중요한 진리는 무아(無我), 즉 고정된 나는 존재하지 않는다는 사실이었다.

우리가 나라고 부르는 이 몸과 마음은 조건에 따라 일시적으로 형성된 흐름에 불과하다. 고정된 실체로서의 자아는 존재하지 않는다.

이 진실을 이해하지 못하면, 윤회의 오류를 벗어날 수 없으며, 참된 깨달음이 무엇인지도 알 수 없다. 왜냐하면 윤회란 나라는 실체가 전생에서 현생으로, 그리고 내생으로 이어진다고 전제하기 때문이다.

한번 깊이 생각해 보자. 우리는 나라는 것이 분명히 존재한다고 믿는다. 그러나 정말로 나라는 실체가 있는가? 만약 있다면, 그것은 정확히 어디에 있는가?

석가모니는 우리가 나라고 부르는 것은 다섯 가지 요소(五蘊, Skandhas)로 구성된 것에 불과하다고 설명했다.

이 다섯 가지 요소는 다음과 같이 나누어 볼 수 있다.

- 색(物質): 우리의 몸, 물질적인 모든 것

- 수(感覺): 감각과 느낌

- 상(知覺): 우리가 경험하고 인식하는 것

- 행(意志): 의지와 행동을 이끄는 성향

- 식(意識): 우리의 의식과 마음

결국 나라는 것은 이 요소들이 임시적으로 모인 조합일 뿐이며, 그것들이 경험되고 기억이 쌓여서 나라는 감각이 형성되는 것이다. 그러나 이 다섯 가지 요소 자체로 고정된 실체가 존재하는 것은 아니다.

❀ 밀란다왕과 나가세나의 대화

여기에서 밀란다 왕문경〈밀란다 팡하〉에 나오는 그리스 밀란다 왕과 나가세나 스님의 문답을 간략하게 소개한다.

밀란다 당신의 이름은 무엇입니까?

나가세나 저는 나가세나입니다. 그러나 나가세나는 그저 이름이고 호칭이고 표현이고 그냥 단어일 뿐입니다.

여기에는 아무도 없습니다.

왕은 놀라서 다시 물었다.

밀란다 만약 아무도 없다면 옷을 입고 음식을 먹는 것은 누구란 말인가요? 또 선행을 하며 사는 것은 누군가요?

살생을 하고 도둑질을 하며 쾌락을 즐기며 거짓말을 하는 것은 누구인가요?

손톱과 치아, 살과 뼈는요? 감정과 지각 그리고 의식은요?

이 모든 것들이 존재하지 않는다고요?

그러자 나가세나는 마당에 세워져 있는 마차를 가리키며 말했다.

나가세나 우리가 마차라고 부르는 저것은 도대체 무엇이 마차인가요?

저 바퀴들이 마차인가요? 차축이 마차인가요? 멍에가 마차인가요?

저 모든 부품들이 결합된 상태를 그냥 마차라고 이름 붙인 것이 아닌가요?

이와 같이 나가세나도 여러가지가 결합된 상태에게 주어진 이름일 뿐이지 주체가 아닙니다.

이 말은 사물과 존재는 사건과 과정의 네트워크로 이루어졌을 뿐 실체가 아니라는 말이다.

그러므로 이 세상은 실체로 이루어져 있지 않고 서로 결합하는 사건들로 이루어져 있다. 인간은 개별적 존재가 아니라 수많은 요소들이 들어오고 나가면서 일으키는 사건들의 복잡한 과정이다.

✿ 그 어디에도 고정된 실체가 없다

20세기 인도의 성자라 불리는 라마나 마하리쉬는 진리를 깨닫기 위해 '자아탐구법'이라는 명상 방법을 제시했다. 그는 단 하나의 질문을 반복적으로 던질 것을 권했다.

나는 누구인가?

이 질문을 깊이 탐구할수록, 나라고 부를 수 있는 고정된 실체가 없다는 사실을 깨닫게 된다. 우리가 나라고 여겼던 것은 단순히 개념에 불과하며, 그 개념이 생겨나고 사라지는 흐름 속에서 우리는 환상을 보고 있었던 것이다.

어떤 사람이 10년 전의 자신과 지금의 자신을 비교한다고 생각해 보자. 그 사람의 얼굴도 변했고, 몸도 변했으며, 생각과 감정도 달라졌다.

그렇다면 10년 전의 나와 지금의 나는 동일한 존재라고 말할 수 있는가? 또한, 하루에도 수많은 감정과 생각이 떠오르고 사라진다. 아침에는 기분이 좋았다가, 점심에는 화가 나고, 저녁에는 우울해질 수도 있다.

그렇다면 이 중에서 진짜 나는 무엇인가? 어느 순간을 기준으로 나라고 할 수 있는가? 결국 우리가 나라고 믿었던 것은 단순히 끊임없이 변화하는 감각과 기억의 흐름에 불과하다는 것이 명백해진다.

'나는 존재하지 않는다.' 이 말을 처음 들으면 불안하거나 두려움을 느낄 수도 있다. 많은 사람들이 내가 없다는 것이 곧 자신의 존재 자체가 부정되는 것으로 오해하기 때문이다. 그러나 무아란 존재의 소멸이 아니라, 나라는 착각에서 벗어나는 것일 뿐이다.

지금까지 우리가 두려워했던 것은 진정한 존재의 소멸이 아니라, 자아(Ego)의 소멸이다. 이것은 결코 두려워할 것이 아니다. 자아는 우리가 만들어낸 환상에 불과하며, 그것이 사라질 때 비로소 참된 자유와 평화가 드러난다. 고통도, 불안도, 두려움도 사라진다.

왜냐하면 그것들은 모두 나라는 착각에서 비롯된 것이기 때문이다. 무아를 깨달으면, 우리는 가장 큰 자유를 얻게 된다. 삶에서 겪는 대부분의 고통은 바로 나에 대한 집착에서 비롯되기 때문이다.

무아는 이러한 집착에서 벗어나게 해주며, 존재의 본질에 대한 새로운 깨달음을 안겨준다.

많은 사람들은 석가모니의 깨달음을 윤회의 사슬을 끊는 것으로 이해한다.

그러나 그의 깨달음은 윤회를 끊는 것이 아니라 윤회할 내가 본래 없다는 것을 아는 것이다.

윤회는 고정된 자아(영혼)가 전생에서 현생, 그리고 다음 생으로 이어진다고 가정한다. 그러나 석가모니는 깨달음을 통해 자아라는 고정된 실체가 본래 없음을 보았다.

'윤회를 누가 하는가?'라는 질문에 대한 답은 존재하지 않는다. 윤회는 단지 자아라는 환상이 만들어낸 거짓 이야기일 뿐이다. 윤회는 자아의 실체성과 시간이 흐른다는 두 가지에 기반을 두고 있다.

그러나 깨달음은 이 두 가지를 완전히 무너뜨린다. 실체적 자아가 없으므로, 윤회할 주체도 없고 시간 또한 허상이므로, 윤회는 성립할 수 없다.

연기란 무엇인가?

싯다르타는 자아의 허상을 꿰뚫은 다음, 모든 존재의 본질인 연기를 통찰했다.

"이것이 생하면 저것이 생하고,
이것이 멸하면 저것도 멸한다.
이것이 있으므로 저것이 있고,
이것이 없으므로 저것도 없다."

모든 존재는 조건에 의해 생겨나며, 서로 의존한다. 독립적으로 존재하는 것은 아무것도 없다. 자아뿐 아니라, 고정된 어떤 것도 존재하지 않는다.

예를 들어, 나무는 환경과 독립된 채 저 혼자 자라지 못한다. 그것은 물, 햇빛, 흙, 공기 등 수많은 조건에 의해 자란다. 나무라는 존재는 그 자체로 독립된 것이 아니라, 다른 모든 것과 연결되어 있다.

모든 것은 연기 작용 속에서 생겨나고 사라진다. 그 어떤 것도 고정된 실체가 없으므로, 고통 역시 허상이다.

❀ 깨달음의 핵심은 연기법칙이다

석가모니가 깨달은 진리의 가장 핵심적인 개념은 바로 연기(緣起)이다. 연기는 단순한 철학적 개념이 아니라, 존재의 본질을 꿰뚫는 근본적인 통찰이며, 모든 고정관념과 그릇된 믿음을 무너뜨리는 진리의 법칙이다.

많은 사람들이 깨달음을 이야기하며 윤회를 논하지만, 석가모니가 깨달음의 순간에 보았던 것은 윤회의 반복이 아니라 연기의 법칙이었다.

즉 모든 것은 서로 연결되어 있으며, 그 어떤 것도 독립적으로 존재할 수 없다는 진리였다.

그러면 여기서 12연기설에 대해서 좀 더 알아보자.

석가모니의 깨달음이 무아와 연기인데 이들은 서로 다른 것이 아니다. 무아가 곧 연기고 연기가 곧 무아다. 이것을 따로 보면 안된다.

연기란 A와 B는 동시에 존재한다는 것이다. 연기성이란 홀로 존재하지 못한다. 그것은 혼자는 인식할 수 없기 때문이다. 인식이라고 하는 것은 관찰자와 관찰 대상이 반드시 필요하기 때문에 최소한 둘은 있어야 한다.

따라서 상대성으로 존재한다. 즉 생겨나는 모든 것은 스스로 생기지 못하고 서로 인식할 수 있는 상대가 없으면 존재할 수 없다.

이것이 연기법칙이다. 그러기 때문에 모든 존재 안에는 주체로서의 내가 없다. 그러니 무아와 연기는 하나다. 이걸 알아야 한다. 석가모니는 연기에 대해서 "이것이 생하면 저것이 생하고 이것이 멸하면 저것이 멸한다."고 간단하게 설명하셨다.

그런데 머리 좋은 사람들이 연기 법칙을 12가지로 나누어 놓았다.

무명(無明), 행(行), 식(識), 명색(名色), 육처(六處), 촉(觸),

수(受), 애(愛), 취(取), 유(有), 생(生), 노사(老死)의 구분이 그것이다.

무명이라고 하는 것은 근본무명을 이야기하는 것이다. 근본무명에 의해서 모든 것이 발생하고 연기가 시작된다는 뜻이다. 근본무명이 발생하면 이어서 행이 발생한다. 정신적 육체적인 모든 행위에 대해서 일어나는 선업과 악업이 발생한다.

이러한 정신적 육체적 모든 행위에 의해서 발생하는 선업과 악업, 이것이 행이며 윤회의 근거가 된다고 주장한다.

그 다음에 식, 일생동안 선업과 악업에 대한 기억이 여기에 입력된다고 한다.

명색이란 '이름 명', '물질 색'이니 이 수상행식이 윤회의 주체가 되면서 몸을 바꾸게 하는 것이라는 뜻이다. 이것이 입력되어 이어진다는 뜻이다.

근본무명에 의해서 선업과 악업을 짓게 되면 그 업을 입력해서, 그 입력에 따라 몸을 받게 된다는 것이다. 이것이 곧 색이다.

육처는 안(眼), 이(耳), 비(鼻), 설(舌), 신(身), 의(意)를 말하고 촉은 육근이 대상에 접하면 육식이 되는 것이니, 촉은 대상과 접한다는 뜻이다.

수는 육식의 결과로 나타나는 고, 락, 불고불락의 세 가지 느낌을 말하고, 애는 물질을 대할때 좋아하고 싫어하는 느낌으로 나타난다는 말이다.

취는 좋은 것은 잡으려 하고 나쁜 것은 버리려고 하는 집착이다. 유는 존재성을 말한다. 이런 것들에 의해서 쌓여진 나라고 하는 존재성에 대한 업이 여기서 고정되어 다음 생을 만들어낸다고 한다.

생은 또 윤회해서 자기 인생을 만들어 내고 노사는 태어났기 때문에 또 늙어서 죽는다는 말이다. 깨닫지 못하면 12가지의 연기법칙에 의해서 뱅뱅 돈다는 뜻이다.

그러면 12연기의 핵심은 무엇일까?

결론적으로 내가 태어나서 내가 죄짓고, 내가 죽어서 내가 심판받고, 내가 윤회한다는 말이다. 즉 무아연기가 아니고 개체윤회라고 주장하는 것이다. 그러나 12연기는 동시적 연기법을 모른채, 시차적으로만 연기법을 이해한 사람들에 의해서 만들어진 엉터리 연기법이다.

ꕥ 12연기는 후대의 작품이다

석가모니의 깨달음의 본질인 무아연기에 비추어 보면 12연기는 진리의 핵심을 벗어나 있는 것임을 알아야 한다.

연기를 이해하는 순간, 나라는 고정된 실체가 존재하지 않음을 깨닫게 된다.

우리는 모든 것이 끊임없이 변화하고 상호작용하며 조건에 따라 생겨나고 사라진다는 사실을 알게 된다. 바로 이 깨달음이 윤회라는 개념을 실체 없는 환상으로 드러나게 한다.

연기는 삶과 존재에 대한 새로운 관점을 제시한다. 모든 것은 조건에 의존해 생겨나고 소멸하며, 고정된 실체로서의 나와 사물은 존재하지 않는다.

윤회와 연기는 본질적으로 양립할 수 없다. 윤회는 나라는 실체가 끊임없이 다른 몸으로 옮겨가며 반복된다고 주장한다. 그러나 연기의 관점에서 보자면, 애초에 윤회할 나라는 실체 자체가 존재하지 않는다.

윤회는 고정된 자아를 전제하지만, 연기는 고정된 자아란 없으며, 모든 것이 관계 속에서 끊임없이 변하고 있을 뿐이라고 말한다.

윤회는 나라는 실체가 있어야 성립할 수 있지만, 연기의 관점에서는 나라는 것은 본래 없다. 그러므로 윤회라는 개념 자체가 성립할 수 없다.

이는 마치 바다의 파도를 보고 특정한 파도가 고정되어 있다고 착각하는 것과 같다. 윤회라는 개념은 바다 속에 영원히 변하지 않는 독립된 파도가 존재한다고 믿는 것과 같다.

독립된 나라는 것은 단순한 개념일 뿐이다. 그것이 계속 이어진다고 착각할 뿐, 실상은 단 한 순간도 동일한 상태로 존재한 적이 없다. 결국 우리는 연기의 법칙 속에서 매 순간 새롭게 형성되고 있다.

그 속에서 고정된 나라는 실체는 어디에도 존재하지 않는다. 윤회의 개념은 고정된 자아라는 착각에서 비롯된 것이며, 연기는 그 착각을 무너뜨리는 진리이다.

우리가 삶에서 겪는 고통의 대부분은 나에 대한 집착에서 시작된다. 우리는 항상 나를 중심으로 생각하고, 과거의 나와 미래의 나를 동일한 존재로 여긴다. 그러나 연기의 법칙을 이해하는 순간, 이러한 생각 자체가 환상임을 깨닫게 된다.

우리가 집착을 놓지 못하는 이유는 모든 것이 변하고 있다는 사실을 인정하지 않기 때문이다. 그러나 연기의 법칙을 깨닫는 순간, 우리는 더 이상 과거와 미래에 얽매이지 않게 된다.

왜냐하면, 애초에 나라는 실체가 없었기 때문이다. 모든 것이 조건에 의해 생겨나고 사라질 뿐이다. 이 단순한 사실을 깨닫게 되면 집착할 것도, 두려워할 것도 없어진다.

연기를 이해하는 것은 단순한 철학적 개념을 넘어서, 삶에서의 완전한 자유를 얻는 길이다.

중도(中道)란 무엇인가?

불교를 조금이라도 공부해 본 사람이라면 중도(中道)라는 개념을 한번쯤은 들어봤을 것이다. 중도는 불교의 핵심 사상 중 하나이며, 단순히 중간이 좋다거나 극단적인 삶을 피하라는 의미가 아니다.

중도란 모든 개념과 집착을 초월한, 진리를 있는 그대로 보는 깨달음의 길이다.

불교는 크게 초기불교, 부파불교, 대승불교로 나눌 수 있다. 그 중에 부파불교 시기의 불교는 20여 개의 파로 나뉘게 된다. 이러한 분열의 시기를 맞이하면서 본래 석가모니의 가르침은 혼란스러워졌다. 그런 상황 속에서 하나의 민중운동처럼 대승불교 운동이 일어났다. 대승불교는 기독교의 종교

개혁 운동에 비유될 수 있다.

당시 부파불교를 소승불교라고 부르는 이유는 주로 출가자들을 위한 불교이기 때문이다. 소승불교에서는 각자가 스스로 도를 닦아 아라한에 이르는 것을 목표로 하며, 일반 재가 불자들은 깨달을 수 없다고 주장하는 경우도 있었다.

이에 비하여 대승불교는 누구나 깨달을 수 있으며 출가자뿐 아니라 중생들과 함께 가야 한다는 보살 정신을 실천하는 움직임이 일어났다.

❀ 양극단에 치우치지 말고 가운데 머물지도 말라

중도의 근본적인 의미는 모든 이분법을 넘어서려는 가르침이다. 모든 개념적 구분이 실체가 아니라, 우리의 사고방식에 의해 만들어진 허상임을 깨닫는 것이 바로 중도의 핵심이다.

중도란 하나의 극단에서 다른 극단으로 이동하는 것이 아니라, 모든 극단적인 개념을 초월하는 것이다. 초기경전인 숫타니파타에서 석가모니는 중도에 대해 이렇게 말했다.

"양극단에 치우치지도 말고 가운데 머물지도 않는다."

이것이 석가모니의 언어로 표현된 중도다. 양극단에 치우치지도 말고, 가운데 머물지도 않는 것이 바로 중도다.

대승불교를 대표하는 용수는 매우 중요한 이야기를 한다.

"깨달음은 분별지로는 깨달을 수 없고,

오직 반야지로서만 깨달을 수 있다."

분별지는 무엇인가?

이것이냐 저것이냐, 옳으냐 그르냐, 시비하고 이쪽과 저쪽을 구별하는 것이 바로 분별지다. 이는 모든 인간이 사용하는 의식작용으로, 분별하는 모든 활동을 포함한다.

반야지는 무엇인가?

근원에서 전체를 통째로 보라는 것이다. 의식이 근원에서 전체를 통째로 보면 그것이 반야지이고, 반대로 의식이 근원에서 벗어나면 분별지가 된다.

이를 정확히 이해하지 못하면, 이쪽에 가도 분별지고, 저쪽에 가도 분별지고, 가운데 있어도 여전히 분별지가 된다. 왜냐하면 어느 한 쪽에 치우친 상태이기 때문이다.

그렇다면 부처님이 말씀하신 중도, 즉 양극단에 치우치지도 말고, 가운데도 머물지 말라는 중도를 어떻게 이해해야 할까? 그것은 근원에서 전체를 통째로 볼 때만 가능하다.

부처님이 말씀하신 중도는 바로 전체성이다. 의식이 어느 한쪽에 치우치지 않고 통째로 전체를 보는 것, 그것이 중도다. 그때는 좌, 우, 가운데 모두가 다 포함된 상태가 된다.

중도는 단순히 쾌락과 고행 사이의 균형을 의미하는 것이 아니다. 불교에서 중도는 모든 개념적 집착에서 벗어나, 존재의 실체를 있는 그대로 보는 것을 뜻한다.

이 개념을 철학적으로 가장 깊이 정리한 인물이 바로 대승불교의 대표적 논사, 용수(龍樹, Ngrjuna)이다. 용수는 팔불게(八不偈, 여덟 가지 부정)를 통해 모든 개념적 대립이 허상임을 설파했다.

그가 말한 팔불게는 다음과 같다.

불생불멸(不生不滅) 생하지도 않고 멸하지도 않는다.

불상부단(不常不斷) 항상한 것도 아니고 끊어진 것도 아니다.

불일불이(不一不異) 같은 것도 아니고 다른 것도 아니다.

불래불거(不來不去) 오는 것도 아니고 가는 것도 아니다.

용수는 중도를 8개의 아니 불(不) 자를 사용하여 설명하였다. 무아연기의 순수진리에 따르면, 이러한 성품을 가지고 있는 것이 바로 절대성이다.

용수는 부처님의 중도 사상을 절대성으로 설명하고 있다. 본래성품은 태어나거나 죽는 것이 아니다.

✿ 생하지도 않고 멸하지도 않는다

우리는 어떤 것이 생겨났다거나 사라졌다고 믿는다. 그러나 정말 그런 것일까? 한 사람이 태어난다고 가정해보자. 정말로 완전히 새로운 존재가 태어나는 것인가?

그의 몸은 부모로부터 유전자를 물려받았으며, 그가 먹는 음식, 마시는 물, 숨 쉬는 공기 모두 이미 존재하던 것들이 변형된 것에 불과하다. 즉, 어떤 것도 완전히 새롭게 생겨난 것은 아니다.

마찬가지로 죽음도 단순한 변화일 뿐이다. 사람이 죽으면 몸은 흙으로 돌아가고, 그가 남긴 기억과 영향력은 다른 사람들에게 전해진다. 즉, 죽음은 사라지는 것이 아니라, 그저 다른 형태로 변화하는 것이다.

이와 같이 우주만물은 생멸하는 순간적 존재이므로 허상이다. 허상은 생(生)해도 생(生)한 것이 아니고, 멸(滅)해도 멸(滅)한 것이 아니다. 그러므로 진실로 생하거나 멸한 것은 아무것도 없다.

그래서 현상적으로는 쌍생쌍멸이고, 진리적으로는 불생불멸인 것이다. 불생불멸은 생하거나 멸하는 것이 아니다. 진리인 본래성품은 태어난 적도 없고, 죽은 적도 없는 있는 그대로이다.

❀ 항상 있는 것도 아니고 끊어진 것도 아니다

모든 것이 영원히 지속된다고 생각하는 것도 착각이지만, 완전히 단절된다고 생각하는 것도 착각이다. 예를 들어, 강물은 계속해서 흐르지만, 매 순간마다 그 강물은 다른 물로 바뀌고 있다.

그럼에도 우리는 여전히 그것을 같은 강이라고 부른다. 이처럼 모든 것은 변할뿐, 항상하지도 않고 단멸하지도 않는다.

불상부단, 항상 끊임없이 이어지는 것도 아니고 끊어지는 것도 아니다. 현상세계는 이어지고 끊어지고 하는 상대성이 있다. 그런데 절대성은 계속 된다든지 아니면 끊어진다든지 하는 상대적 개념 자체가 아니다.

진리인 절대성은 영원한 것이라고 개념적으로 설명하기 위해서 이렇게 말을 할 수는 있지만, 사실 절대성이라고 하는 것 자체는 영원하다거나, 순간이라고 하는 상대적 개념이라는 것이 있을 수 없다.

우리가 자꾸 이 개체적 존재를 나라고 착각하고 있기 때문에 진리를 설명해주기 위해서 절대는 시작도 끝도 없는 영원한 존재라고 할 뿐이지, 순간적 존재의 반대개념으로 시간적으로 영원한 존재라는 뜻이 아니다.

✿ 같은 것도 아니고 다른 것도 아니다

불일불이, 같지도 않고 다르지도 않다. 그냥 하나도 아니고 둘도 아니라고 표현해도 상관없지만, 하나도 아니고 둘도 아니라고 하면 숫자로 하나, 둘 이렇게 또 착각하니까 같지도 않고 다르지도 않다라고 표현하는 것이다.

본래성품은 전체성이기 때문에 같으니, 다르니 하는 상대적 개념이 작동을 할 수 없다는 뜻이다. 우리가 개체의식으로 상상할 수 있는 그 모든 것들이 다 아니라는 말이다. 절대는 그런 상대적 개념 자체가 적용될 수 있는 것이 아니다.

❀ 오는 것도 아니고 가는 것도 아니다

어떤 사람이 나에게 다가오고, 어떤 사람이 내 곁을 떠난다. 그러나 정말로 온 것과 간 것이 있는가? 태양이 떠오르고 진다고 하지만, 실제로는 태양이 움직이는 것이 아니라, 지구가 돌고 있을 뿐이다.

즉, '모든 것은 오고 간다'라는 개념적 착각 속에서 움직이고 있다.

불래불거, 오는 것도 아니고 가는 것도 아니다. 흔히 나는 어디에서 와서 어디로 가는가? 라는 모든 인간들의 근원적인 의문이 있다.

어디에서 와서 어디로 가는 것이 아니다.

온 적도 없고 간 적도 없다.

❀ 팔불중도의 결론

그래서 이 네 가지의 팔불중도를 각각 따로 설명해놓고 있지만 통째로 묶어서 보면 다 똑같은 것이다.

중도는 생하거나 멸하는 것이 아니고, 항상 하거나 단절되는 것이 아니고, 같거나 다른 것이 아니고, 오거나 가는 것이 아니다. 그렇다면 용수가 말하고 있는 여덟 가지의 중도에 대한 명쾌한 해설은 현상세계의 어떤 존재를 이야기하는 것일까? 이 세상에 어떤 존재가 태어나지도 않고 죽지도 않을 수 있는가? 불생불멸이 어떻게 있을 수가 있는가? 이것은 현상세계에 투영된 하나의 존재를 이야기하는 것이 아니다. 상대적 개념이라는 것 자체가 적용이 안 된다.

절대성은 언어로 표현하거나 분별할 수 없다. 그러므로 용수의 팔불중도는 현상계의 이원성을 부정하며 절대성을 드러내는 것이다. 그것은 태어나거나 죽거나, 오거나 가거나 하는 것이 아니다.

그것은 영원불멸이어서 현상적으로 어떤 개념을 지어서도 이야기할 수 없고, 어떤 이름으로도 불릴 수 없다. 그냥 존재 그 자체로서, 진리 그 자체다.

이 현상세계에 태어나 온갖 찌질한 짓 다 하다가 결국 죽어서 사라질 수밖에 없는 이 껍데기를 나라고 하면서 전전긍긍하고 죽느니 사느니, 그러면서 사는 이것이 진짜 내가 아니고, 진짜 나는 불생불멸의 절대성이라는 것이다.

중도는 단순한 철학이 아니다. 그것은 개념에 집착하지 않는 삶의 태도이며, 깨달음으로 가는 길이다. 우리가 삶에서 고통을 겪는 이유는 모든 것을 이것이 옳고, 저것이 틀리다고 구분하기 때문이다.

그러나 중도의 관점에서 보면, 모든 개념적 대립은 실체가 없다. 선과 악이 분리된 것이 아니라 서로 의존하고, 삶과 죽음이 분리된 것이 아니라 하나의 흐름으로 이어진다. 나와 세상이 분리된 것이 아니라, 본래 하나이다.

중도를 이해하면, 더 이상 어떤 개념에도 집착할 필요가 없다. 있는 그대로의 현실을 받아들일 수 있게 된다. 그것이 바로 자유다.

이 현상세계에서 수십억의 존재들이 살고 있지만, 이 모든 것들은 무아적인 존재로서, 전부 동시적 연기법에 의해 쌍생쌍멸하는 하나의 현상체들이다. 현상이라고 하는 것은 반드시 언젠가 태어나고, 유지되다 사라지고 멸할 수밖에 없는 존재이다.

석가모니도 현상체일 뿐이다. 모든 사람, 모든 짐승, 돌멩이와도 다르지 않다. 인간은 존귀하고 개나 돼지는 비천하다고 생각하는 것은 분별에서 나온 생각이다. 진리의 차원에서 보면 존귀한 것이 어디 있고, 천한 것이 어디 있는가? 그냥 통째로 하나일 뿐이다. 근원에서 전체를 통째로 보는 것, 이것이 바로 반야지(般若智)이다.

우리는 흔히 깨달음을 이루어야 할 특별한 상태라고 착각한다. 그러나 해가 구름에 가려져 있다고 해서 해가 사라진 것이 아니다. 구름이 걷히면 해는 원래부터 그 자리에 있었다는 것을 알게 된다. 깨달음도 마찬가지다.

깨달음은 애써서 얻어야 하는 것이 아니라, 스스로 가리고 있는 장막을 제거하면 자연스럽게 드러나는 것이다.

무아를 깨달으면 우리는 더 이상 개별적인 존재가 아니라, 절대적인 존재라는 사실을 깨닫게 된다. 마치 물방울이 바다로 돌아가는 것과 같다.

물방울이 있을 때는 개별적인 존재처럼 보이지만, 그것이 바다로 흘러 들어가면, 더 이상 물방울과 바다를 나눌 수 없게 된다. 그것이 바로 무아연기라는 깨달음이다.

깨달음은 있는 그대로 보는 것이다

많은 사람들이 깨달음을 얻기 위해 수십 년 동안 수행을 한다. 명상을 하고, 고행을 하고, 경전을 읽으며 끊임없이 노력한다. 그러나 모든 깨달은 스승들이 강조한 것은 깨달음은 노력해서 얻는 것이 아니라, 이미 존재하는 것을 알아차리는 것이다라는 점이다.

우리가 수행을 하는 이유는 깨달음을 얻기 위해서가 아니라, 깨달음을 가로막고 있는 모든 환상을 내려놓기 위해 하는 것이다.

깨달음은 갈고닦아 얻는 것이 아니라, 본래부터 있던 것을 있는 그대로 보는 것이다. 이 사실을 이해하는 순간, 우리는 깨달음에 대한 집착조차 내려놓게 된다.

왜냐하면, 깨달음은 어디선가 얻어오는 것이 아니라, 이미 우리 안에 있기 때문이다.

❀ 이세상은 상대성으로 존재한다

우리들은 모두 각자의 색안경을 끼고 태어난다. 그것을 석가모니는 '모든 것은 조건 지어져 있다'고 말했다.

우리는 세상을 살면서 매사에 이것이 옳다 저것은 틀렸다, 이것이 좋다 저것은 나쁘다, 이런 식으로 시비분별을 한다.

이러한 시비분별과 각자의 색안경을 벗을 때 나타나는 있는 그대로의 모습이 진리이다.

우리는 있는 그대로 진리임에도 불구하고 있는 그대로 받아들이질 못하고, 모든 것을 시비분별한다. 그래서 이 세상은 진리가 아니고 종교에서 말하는 것처럼 사바세계, 죄악이 횡행하는 세계, 고통이 넘쳐나는 부조리한 세계로 잘못 알게 된다.

이 세상은 부조리하거나 죄악이 가득하고 잘못된 것이 넘쳐나는 세상이 아니다. 이 현상세계를 매사에 시비분별하고 있는 그 마음, 그 의식 상태 때문에 이 세상은 장엄한 화엄이 펼쳐지는 진리의 세계가 아닌 사바세계가 되는 것이다.

　이 현상세계를 고통의 바다라고 말하는 것은 실제로 이 세상이 고통의 바다이기 때문이 아니다. 세상을 이것과 저것의 이분법으로 나누어 시비분별하고 있는 그 마음 상태 때문에 고통의 바다라고 느끼는 것이다.

　시비분별만 없으면 현상세계는 그 모습이 어떻든 간에 그냥 있는 그대로 진리이다.

　어떻게 해서 그냥 있는 그대로 진리인지 한번 살펴보자. 진리인 본래성품이 있는 그대로 드러난 것이 지금 우주현상계다. 이 우주현상계 전체가 통째로 본래성품이 드러난 모습이다.

　이 우주현상계 전체가 통째로 그 안에 들어있는 모든 모습, 모든 사건, 모든 현상, 모든 존재는 본래성품의 드러난 모습이다. 그렇기 때문에 그냥 있는 그대로 전체가 진리일 수밖에 없다.

　그런데 왜 사람들은 있는 그대로 진리라고 보지 못하는가? 바로 이 현상세계의 메커니즘이 이원론적인 상대성으로 작용하고 있기 때문이다. 상대성으로 어떻게 작용을 하고 있을까? 모든 것이 정반대되는 개념으로 쌍을 이루고 있다.

존재론적으로 보면 나와 너처럼 정반대되는 개념으로 존재한다. 선과 악, 좋다 나쁘다, 맞다 틀리다, 같다 다르다 등 이렇게 모든 것이 전부 상대성으로 정반대되는 개념이 쌍을 이루면서 현상계에 드러난다. 본래 하나인 것이 이렇게 나누어진 것으로 보이는 것이다.

이 우주현상계 전체가 그냥 통째로 드러난 모습이기 때문에 그냥 있는 그대로 진리이다. 그러나 현상세계가 드러날 때는 현상세계의 메커니즘인 이원성의 상대성 개념으로 드러난다.

그렇게 드러난 모든 것은 정반대의 개념으로 쌍을 이루고 있기 때문에 매사에 시비분별이 작용하게 된다. 따라서 무슨 일이 하나 벌어지면 그것에 대해서 맞다 틀리다, 옳다 그르다 하는 시비분별이 자동으로 작동하게 된다.

또한 각자 각자의 캐릭터마다 어떤 색안경을 쓰고 있느냐에 따라서 어떤 하나의 사건을 평가하는 기준이 다 제각각 다르다.

그 다름에서 싸움이 벌어지게 되고 편이 갈라지게 된다. 그런 모습이 이 우주현상계 안에 가득 차 있다.

지금 현재, 세상이 돌아가는 현상을 주위에서 한번 살펴보자. 어떻게 돌아가고 있는가? 어디에서든 전혀 다른 성격의 두 가지 형태가 서로 팽팽하게 맞서고 있는 것을 볼 수 있다.

이데올로기로는 자본주의와 공산주의, 민주국가와 독재국가, 보수와 진보, 좌익과 우익 등등 정반대되는 사상들이 나뉘어져서 서로 대립해 있다. 각자 자기의 이데올로기가 옳다고 주장한다.

어느 한쪽에 의식이 매달려 버리면 그건 반쪽밖에 안 된다. 왼쪽의 관점에서 보면 왼쪽의 반쪽 관점밖에 안 되고 마찬가지로 오른쪽의 관점에서 보면 이 또한 오른쪽의 반쪽 관점밖에 안 되는 것이다.

반쪽의 관점으로 보는데 어떻게 있는 그대로 전체를 볼 수 있겠는가? 너는 틀리고 나만 옳다라고 생각하면 어쩔 수 없이 항상 반쪽의 관점으로만 보게 되는 문제가 생긴다.

남자와 여자로 드러난 존재의 모습도 그러하다. 남자와 여자는 완전 반대의 다른 존재이다. 그 육체의 구성만 다른 게 아니고 성격부터 시작해서 모든 것이 정반대이다.

이런 개체적인 색안경을 끼고 있는 상태에서는 전혀 다른 성격의 상대성을 제대로 이해할 수가 없다. 그러나 상대적인 것도 전체성인 근원에서 바라보게 되면 이해가 가능해진다. 그래서 이 현상세계는 드러난 모습 그대로 통째로 진리일 수밖에 없다.

✿ 드러난 모습 그대로 진리다

법(法)이란 산스크리트어로 다르마 즉 달마이다. 불교에서는 부처님의 말씀을 법(法)이라 한다. 그러나 법(法)이란 자연(自然), 진리(眞理), 깨달음 모두를 지칭하는 말이다. 즉 현상세계에 드러난 자연 그대로의 모습이 법(法)이다.

법(法)은 한자로 보면 물이 흘러가는 모습을 의미한다. 물이 흘러가는 모습을 보고 현상세계에 드러난 자연으로서의 법(法)을 설명한 것이다.

물은 높은 곳에서 낮은 곳으로 흘러간다. 바위가 있으면 돌아가고 둑이 막혀있으면 잠시 쉬고, 넘치면 다시 둑을 넘어 흘러가고, 그렇게 흘러 흘러서 바다로 간다.

빌딩이 즐비한 도시도 그 모습 그대로 자연의 모습이고, 홍수가 나서 모든 것을 싹 쓸어버리는 것도 그 모습 그대로 자연의 모습이다. 전쟁이 터져서 수백만 명이 죽는 것도 자연의 모습이다.

인간 중심적으로 보면 인간에 의해 만들어진 것은 자연이 아닌 인공(人工)이고 인간의 손길이 가해지지 않은 것은 자연(自然)이라고 생각되겠지만 그것은 의식이 전체를 통째로 보지 못한 것이다. 전체를 통째로 보면 이 현상세계에 자연(自然) 아닌 것, 법(法)아닌 것이 없다.

진리는 법(法)이다. 깨달음도 법(法)이다. 석가모니가 전해 주신 명상법인 위빠사나는 신수심법(身受心法), 사념처를 있는 그대로 보는 것이다. 깨달음은 현상세계에 펼쳐진 이 법(法)을 그냥 있는 그대로 볼 때 드러난다.

그래서 우리는 어떤 상황을 만났을 때 시비분별하고 따지는 습관을 바꿔야 한다. 어떤 현상, 어떤 사건, 어떤 일이 생겼을 때 그것을 따지고 시비분별 하는 것이 아니라 그냥 있는 그대로 알아차려야 한다.

모든 문제는 시비분별에서 생긴다. 그냥 있는 그대로 바라보면 된다. 이 우주현상계는 그 모습이 어떻게 펼쳐지든 그것은 그냥 있는 그대로 진리인 것이다.

사람들은 이 세상을 부조리하다고 생각한다. 그러나 이 세상은 있는 그대로 진리이다. 개체 의식이 계속 시비분별하기 때문에 이를 알지 못하고 고통의 바다로 잘못 인식하게 된다.

어떤 것도 따지지 말고 있는 그대로 받아들이기만 하면 고통이 생기지 않는다. 고통은 반쪽의 관점을 가지고 따질 때 생기는 것이다.

있는 그대로 진리라는 것을 명확하게 알려면 지금까지 살면서 개체 의식의 반쪽 관점으로 세상을 바라보고 시비분별했던 분열적 관점에서, 모든 것을 근원에서 전체를 통째로 보는 통합적 관점으로 바뀌어야 한다.

제5장

현대과학은
윤회를 부정한다

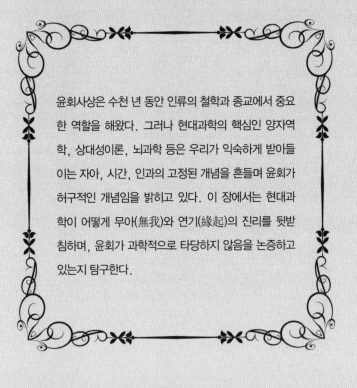

윤회사상은 수천 년 동안 인류의 철학과 종교에서 중요한 역할을 해왔다. 그러나 현대과학의 핵심인 양자역학, 상대성이론, 뇌과학 등은 우리가 익숙하게 받아들이는 자아, 시간, 인과의 고정된 개념을 흔들며 윤회가 허구적인 개념임을 밝히고 있다. 이 장에서는 현대과학이 어떻게 무아(無我)와 연기(緣起)의 진리를 뒷받침하며, 윤회가 과학적으로 타당하지 않음을 논증하고 있는지 탐구한다.

고정된 실체는 없다

우리는 스스로를 독립적이고 고정된 존재로 여긴다. 나라는 자아가 분명히 있고, 그것은 어제의 나와 오늘의 나, 그리고 내일의 나를 이어주는 연결고리라고 믿는다.

하지만 현대 물리학, 특히 양자역학은 이 믿음에 근본적인 의문을 제기한다. 양자역학은 단지 물리학자의 연구실에서나 통하는 복잡한 이론이 아니라, 우리가 세계를 바라보는 방식을 근본적으로 뒤집는 통찰을 제공한다.

❀ 양자중첩과 이중슬릿 실험

양자역학에서 가장 흥미롭고 혁신적인 개념 중 하나는 양자중첩(Quantum Superposition)이다. 이는 입자가 관찰되기 전까지 여러 상태에 동시에 존재할 수 있음을 의미하며, 양자역학의 기본 원리 중 하나로 자리 잡고 있다.

이 개념은 특히 이중슬릿 실험을 통해 직관적으로 이해할 수 있다.

이중슬릿 실험은 다음과 같이 진행된다. 먼저 빛이나 전자 또는 다른 입자를 쏘는 전자총이 있다. 이 전자총 앞에는 두 개의 좁은 슬릿(구멍)이 뚫린 장치를 설치하고, 그 뒤에는 입자나 빛이 도달하는 위치를 기록하는 검출기(화면 또는 필름)를 배치한다.

전자총에서 전자를 슬릿 방향으로 쏘면, 전자는 두 슬릿을 지나 검출기에 도달하며 간섭 무늬(밝고 어두운 줄무늬)를 만든다. 이 간섭 무늬는 전자가 파동처럼 행동하며 두 슬릿을 동시에 통과했음을 보여준다.

이는 파동의 특성인 강화(밝은 영역)와 상쇄(어두운 영역) 현상이 나타났음을 의미한다. 마치 호숫가에 돌을 두게 던졌을 때 잔잔한 물결이 서로 부딪히며 겹쳐져서 간섭 패턴을 만드는 것과 같은 원리다.

그런데 이 실험에서 한쪽 슬릿에 검출기를 설치해 입자가 어느 슬릿을 통과했는지를 관찰하면, 놀라운 일이 벌어진다. 입자의 중첩 상태가 붕괴되어 더 이상 간섭 무늬가 나타나지 않는다.

관찰 순간, 입자는 둘 중에 하나의 특정 슬릿을 통과한 것으로 고정되며, 검출기에는 두 슬릿을 독립적으로 통과한 입자들이 만든 고전적인 입자 분포가 나타난다.

다시 말해, 관찰이 이루어지면 입자는 더 이상 파동처럼 행동하지 않고 입자처럼 행동하게 된다.

이중슬릿 실험은 전자나 빛이 파동성과 입자성이라는 두 가지 성질을 동시에 지니고 있음을 보여준다. 이는 양자중첩의 핵심을 설명하는 실험으로, 전자나 빛이 관찰되기 전에는 여러 상태를 동시에 가질 수 있음을 보여준다. 관찰이 이루어진 순간, 입자의 상태로 결정된다.

결국, 이 실험은 우리가 직관적으로 받아들이는 단일한 현실이라는 개념에 도전장을 내민다. 현실은 고정된 것이 아니라, 관찰에 따라 여러 가능성 중 하나가 선택되어 드러나는 것일 뿐이다.

현대의 양자역학의 성과는 우리가 이해하는 시간과 공간, 그리고 존재에 대한 새로운 통찰을 요구한다.

❀ 양자얽힘, 모든 것은 연결되어 있다

양자역학의 대표적인 개념 중 하나는 양자얽힘(Quantum Entanglement)이다. 이 이론은 처음 듣는 사람에게는 마법처럼 들릴 수 있다. 양자얽힘이란 두 입자가 물리적으로 아무리 멀리 떨어져 있어도 서로 연결되어 즉각적으로 영향을 주고받는 현상을 말한다.

예를 들어, 한 입자가 시계 방향으로 회전하도록 설정되면, 멀리 떨어진 다른 입자는 반시계 방향으로 회전한다. 중요한 것은 두 입자 간의 상호작용이 빛의 속도를 초월하는 즉각성을 가진다는 점이다.

이것은 아인슈타인조차 유령 같은 원거리 작용이라고 부를 정도로 인간의 직관에 반하는 현상이다. 이 현상을 통해 과학자들은 충격적인 사실을 발견했다.

모든 입자는 서로 연결되어 있으며, 독립적으로 존재하지 않는다. 우리가 분리된 것으로 보는 모든 것들이 사실은 하나의 거대한 네트워크의 일부라는 것이다.

❀ 나는 어디에 있는가?

이제 양자중첩, 양자얽힘의 원리를 우리의 삶에 대입해 보자. 우리가 나라고 부르는 자아는 정말로 독립적일까? 양자역학이 보여주는 세계를 이해한다면, 나라는 고정된 실체는 허상일 뿐임을 알 수 있다.

내가 존재하기 위해서는 수많은 조건이 필요하다. 부모님의 존재, 나를 키운 환경, 나의 주변 사람들, 내가 숨 쉬는 공기와 내가 먹는 음식까지 필요하다. 이러한 조건들이 없었다면 나라는 존재도 없었을 것이다.

양자역학의 양자얽힘과 불교의 연기법은 놀라울 정도로 닮아 있다. 석가모니는 이것이 있으므로 저것이 있다. 이것이 사라지면 저것도 사라진다는 연기법을 설파했다. 모든 존재는 상호 의존적으로 연결되어 있으며, 독립적으로 존재할 수 없다는 것이다.

양자역학은 우리가 일상적으로 믿는 독립된 자아 라는 개념이 사실상 착각임을 과학적으로 입증한다. 양자역학의 이러한 발견은 우리가 믿고 있는 고정된 실체라는 관념에 도전한다.

우리는 다른 것과 분리된 고정된 자아가 존재한다고 믿지만, 실제로는 여러 조건과 가능성의 결과로 나타나는 일시적인 현상일 뿐이다.

깨달음이란 이 고정된 자아라는 환상을 내려놓고, 모든 존재가 동시적으로 연결된 전체성을 이해하는 것이다. 양자역학은 깨달음의 철학적 원리를 과학적으로 설명한다.

양자얽힘이 보여주는 연결성은 연기법과 일치하고, 양자중첩이 말하는 다중 가능성은 고정된 자아가 허상임을 증명한다.

세상은 상대적으로 펼쳐진다

아인슈타인의 상대성이론은 빛의 속도가 불변하다는 사실에서 출발한다. 광속도 불변의 법칙은 빛의 속도가 어떤 상황에서도 일정하다는 원리를 의미한다. 진공 상태에서 빛의 속도는 약 30만 km/s로 일정하며, 관찰자의 운동 상태(속도)와 관계없이 동일하게 측정된다.

예를 들어, 관찰자가 빛의 진행 방향과 같은 방향으로 움직이거나 반대로 움직이더라도, 빛의 속도는 변하지 않는다.

이 법칙은 고전 물리학의 예상을 완전히 뒤엎으며, 아인슈타인의 특수 상대성이론을 정립하는 출발점이 되었다. 고전 물리학에서 속도는 거리(공간)를 시간으로 나눈 값으로 정의한다. 하지만 빛의 속도가 항상 일정하다면, 거리와 시간이 서로 반비례해야 한다.

즉, 관찰자가 움직일수록 시간은 느려져야 하고(시간 지연), 길이는 짧아져야 한다(길이 수축). 이러한 추론을 통해 아인슈타인은 시간과 공간이 고정된 절대적 개념이 아니라 상대적이라는 혁명적인 이론을 세웠다.

특수 상대성이론은 등속 운동(속도의 변화가 없는 운동)에서 적용되며 다음과 같은 주요 결과를 도출한다:

시간 지연 움직이는 관찰자에게 시간은 더 천천히 흐른다.

길이 수축 움직이는 물체는 관찰자의 입장에서 길이가 짧아진다.

질량-에너지 등가 에너지와 질량은 상호 변환 가능하며, 이를 나타낸 공식이 바로 유명한 $E=mc^2$이다.

특수 상대성이론을 더욱 확장하여 가속 운동과 중력을 포함한 것이 일반 상대성이론이다. 일반 상대성이론에서는 중력을 단순히 힘으로 보지 않고, 시공간의 휘어짐으로 설명한다.

예를 들어, 태양은 시공간을 휘게 만들어 행성들이 태양을 공전하도록 한다. 이러한 시공간의 휘어짐은 빛의 경로에도 영향을 미쳐, 중력 렌즈 효과와 같은 현상을 일으킨다.

상대성이론은 뉴턴이 주장한 절대적 시간과 공간의 개념을 대체하며, 시간과 공간이 절대적인 것이 아니라 관찰자의 상태에 따라 상대적임을 보여준다.

이는 자연의 법칙이 모든 관찰자에게 동일하게 적용된다는 사실을 뒷받침하며, 빛의 속도가 모든 관찰자에게 일정하다는 것이 그 핵심이다.

이 이론은 현대 물리학의 기반이 되었을 뿐만 아니라, 우주론, GPS 기술, 블랙홀 연구 등 다양한 분야에서 실질적으로 응용되고 있다.

시간과 공간이 상대적이라는 개념은 단순히 철학적 통찰을 넘어, 자연의 근본적인 작동 방식을 이해하는 데 핵심적인 역할을 한다.

✸ 현대 물리학으로 본 윤회의 허구성

양자역학의 파동과 입자 중첩 현상과 상대성이론의 시간과 공간의 상대성은 이 우주가 거시세계와 미시세계 모두에서 상대적으로 구성되어 있음을 보여준다.

이러한 과학적 발견은 고정된 실체나 절대적인 시간 개념을 부정하며, 우리가 익숙하게 받아들였던 세계관에 근본적인 의문을 던진다.

범소유상 개시허망 약견제상비상 즉견여래 (凡所有相 皆是虛妄 若見諸相非相 卽見如來) '이 세상에 형상있는 모든 것은 다 허망하다. 만약에 모든 형상이 텅 비어서 실체가 없음을 본다면 곧바로 진리를 깨달을 것이다'

이 구절은 불교의 《금강경》에 나오는 가르침으로, 세상의 모든 상(相)이 실재하지 않는 허상임을 깨달을 때 진리(如來)가 드러난다는 철학을 담고 있다. 여기서 상(相)은 모든 현상적 존재를 의미한다. 이는 몸과 마음으로 구성된 인간 존재가 근본적으로 고정된 실체가 아니라는 사실을 암시한다.

윤회는 고정된 자아와 선형적 시간의 개념을 전제로 한다. 그러나 상대성이론은 시간조차 절대적이지 않으며, 자아라는 개념 또한 고정된 실체가 아님을 시사한다. 나라는 존재가 독립적으로 존재하지 않는다면, 윤회할 주체는 어디에 있는가?

상대성이론은 관찰자의 상태에 따라 시간이 다르게 흐르며, 공간과 시간 자체가 절대적 것이 아닌 상대적인 개념임을 드러낸다. 양자역학은 한 걸음 더 나아가, 입자와 파동의 중첩 상태를 통해 존재 자체가 명확히 규정되지 않고 관찰에 의해 확정된다는 사실을 보여준다.

이러한 과학적 통찰은 고정된 자아와 절대적인 시간을 전제로 하는 윤회의 기반을 무너뜨린다.

윤회를 믿는 것은 과거와 미래라는 환상의 철창 속에 자신을 가두는 행위에 불과하다. 깨달음이란, 이러한 환상에서 벗어나 지금 이 순간의 진리를 직시하는 것이다.

자아는 고정된 실체가 아니며, 시간과 공간 또한 절대적이지 않다. 과학과 철학은 모두 이러한 통찰을 통해 윤회의 허구성을 지적하고 있다. 결국, 윤회라는 개념은 우리의 집착과 환상이 만들어낸 상(相)에 불과하다.

이를 내려놓고 지금 이 순간에 깨어 있을 때, 진리가 드러나고 속박에서 벗어날 수 있다.

양자역학과 상대성이론은 우리가 믿었던 세계의 틀을 뿌리부터 흔들어 버린다. 독립된 자아라는 믿음은 허상이며, 모든 것은 조건적이고 상호 연결되어 있다.

깨달음은 이러한 과학적 진리를 철학적 언어로 표현한 것이다. "나는 누구인가?"라는 질문을 던질 때, 우리는 더 이상 고정된 자아를 찾지 못할 것이다.

대신 우리는 모든 존재와 연결된 전체성을 발견할 것이다. 현대과학은 깨달음이 더 이상 신비한 경지가 아니라, 우리의 일상적 경험 속에서도 이해할 수 있는 진리임을 보여준다.

현대과학이 보여주는 세계는 석가모니의 연기법과 놀랍도록 일치한다. 모든 것은 연결되어 있고, 고정된 실체는 없다. 양자역학은 깨달음과 과학적 통찰이 만나는 지점을 제공한다.

무아와 연기법은 양자역학의 조건적 세계관과 조화를 이룬다. 깨달음은 윤회의 고정된 관념을 내려놓고, 모든 것이 조건적이고 연결되어 있음을 아는 것이다.

시간은 흐르지 않는다

우리는 시간을 항상 과거에서 현재로, 현재에서 미래로 흐르는 직선적인 것으로 이해한다. 아침에 해가 뜨고, 하루가 다해서 해가 지면 다음 날이 온다. 이런 시간 개념은 너무나 당연하게 느껴지지만, 현대과학은 인간의 이 익숙한 생각에 대해 놀라운 반전을 제시한다.

특히, 시간에 대한 현대 물리학의 발견은 윤회라는 개념이 얼마나 취약한 기반 위에 서 있는지를 보여준다. 윤회는 과거의 업보가 현재를 결정하고, 현재의 행위가 미래를 만든다는 직선적 시간 개념에 의존한다. 그러나 현대과학은 시간조차 우리가 생각하는 것처럼 흐르지 않는다고 말한다.

❀ 동시성을 알아야 시간을 이해할 수 있다

우리가 시간을 직선으로 보는 이유는 우리의 일상적인 경험 때문이다. 하지만 아인슈타인의 상대성이론은 시간의 본질이 우리의 직관과 전혀 다르다는 사실을 밝혀냈다. 상대성이론에 따르면, 시간은 절대적이지 않다. 시간은 관찰자의 속도와 위치에 따라 다르게 흘러간다.

예를 들어, 빛의 속도에 가까운 속도로 이동하는 우주비행사는 지구에 있는 사람들보다 더 천천히 시간을 경험한다. 이러한 시간의 상대성은 과거, 현재, 미래가 고정된 순서로 흘러간다는 우리의 직관을 완전히 부정한다.

과거와 미래가 별개의 실체가 아니라, 우리가 그것을 어떻게 관찰하느냐에 따라 달라질 수 있다는 것이다.

양자역학은 아인슈타인의 이론을 더 깊이 파고든다. 양자역학에 따르면, 시간은 선형적으로 흐르지 않을 뿐만 아니라, 과거와 미래가 동시에 존재할 수 있다. 양자세계에서 입자는 특정 순간과 특정 상태에 고정되지 않는다.

대신, 입자는 관찰되기 전까지 여러 가능성을 동시에 가진다. 예를 들어, 양자얽힘 실험에서는 두 입자가 서로 먼 거리에 떨어져 있음에도 불구하고, 동시에 서로의 상태에 영향을 미친다.

이는 시간과 공간의 전통적 경계가 양자 수준에서는 무의미하다는 것을 보여준다. 이것은 어떤 의미에서 동시성 (Synchronicity)이라는 개념을 제시한다. 사건들이 일정한 시간의 흐름에 따라 발생하는 것이 아니라, 하나의 순간 안에서 연결되어 있다.

시간과 공간은 하나의 짝을 이루는 쌍이다.

❀ 윤회의 시간 개념은 허상이다

윤회는 철저히 선형적 시간관에 의존한다. '전생에서 내가 쌓은 업보가 현생에서 나의 삶을 결정한다.' '지금 내가 쌓는 선행은 다음 생에서의 더 나은 삶으로 이어질 것이다.'

이 논리는 시간이 직선적으로 흐르고, 과거와 현재, 미래가 뚜렷하게 구분된다는 전제를 깔고 있다. 그러나 현대 물리학의 시간 개념은 이러한 관점을 무너뜨린다.

현대 물리학은 과거와 미래가 우리가 인식하는 것처럼 분리된 것이 아니라고 말한다. 상대성이론과 양자역학은 시간의 모든 지점이 연결되어 있음을 보여준다.

즉, 과거와 미래는 별개의 존재가 아니라, 지금 이 순간의 일부로 존재할 수 있다. 윤회는 과거의 업보가 현재의 삶을 결정하고, 현재의 행위가 미래를 만든다고 가정한다.

하지만 과거와 미래가 지금과 동등한 현실로 존재한다면, 윤회는 시간의 흐름에 대한 잘못된 전제 위에 서 있는 것이다.

깨달음은 과거와 현재, 미래라는 관념을 초월한다. 석가모니는 진리는 오직 지금 이 순간에만 존재한다고 가르쳤다. 과거는 이미 지나갔고, 미래는 아직 오지 않았으며 현재조차도 과거와 미래에 의존해서 세운 머물수 없는 개념일 뿐이다.

우리는 오직 지금 여기에만 머무를 수 있다. 현대 물리학은 깨달음의 이런 관점을 뒷받침한다.

시간은 절대적인 것이 아니며, 우리가 경험하는 현재는 단지 관찰의 한 형태일 뿐이다.

❀ 동시성으로 보면 윤회는 착각이다

동시성(Synchronicity) 개념은 양자역학에서 비롯된 철학적 아이디어로, 모든 사건이 시간의 흐름을 넘어 하나의 순간 안에서 연결될 수 있음을 시사한다.

그러므로 과거의 업보가 현재를 결정한다는 윤회의 논리는 동시성 개념과 충돌한다. 동시성은 모든 원인과 결과가 순차적으로 배열되지 않고, 하나의 전체로 존재한다고 말한다.

윤회는 원인(업보)과 결과(다음 생)가 순차적으로 이어진다고 가정한다. 그러나 양자역학은 원인과 결과의 구분조차 불분명하다고 말한다.

시간과 인과 관계는 우리의 인식 체계일 뿐, 실제로는 그 경계가 모호하다. 윤회의 업보와 시간 개념은 고정된 시간과 인과를 전제로 하지만, 현대과학은 이를 부정한다. 시간은 절대적이지 않으며, 모든 것은 지금 이 순간 안에서 연결되어 있다.

윤회를 믿는 사람들은 과거와 미래라는 시간의 틀에 갇혀 있다. '전생의 업보 때문에 지금 이렇게 살고 있다.' '다음 생에 더 나은 삶을 살기 위해 노력해야 한다.' 이러한 믿음은 깨달음의 본질과 모순된다.

깨달음은 지금 이 순간의 진리를 받아들이는 것이다. 현대 물리학은 시간의 본질에 대한 통찰을 통해, 시간이라는 허상을 내려놓도록 돕는다. 양자역학의 동시성과 상대성이론은 모든 것이 지금 여기에서 연결되어 있음을 보여준다.

시간은 우리가 생각하는 것처럼 흐르지 않는다. 윤회는 시간을 순차적 직선으로 보는 착각에서 비롯된 허상일 뿐이다.

금강경의 한 구절이다.

過去心不可得 現在心不可得 未來心不可得(과거심불가득 현재심불가득 미래심불가득) 과거의 마음도 얻을 수 없고, 현재의 마음도 얻을 수 없고, 미래의 마음도 얻을 수 없다.

자아는 환상이다

우리는 흔히 자신을 대상과 분리된 주체이자 고정된 실체로 인식한다. 나는 내 몸이다. 나는 내 생각이다. 나는 어제의 나와 오늘의 나, 그리고 내일의 나를 이어주는 자아다. 하지만 현대 뇌과학은 이 모든 믿음에 근본적인 의문을 제기한다.

나라는 자아는 정말로 실재하는가? 아니면 그것은 단지 뇌가 만들어낸 환상에 불과한가? 뇌과학은 인간의 정체성에 대한 가장 기본적인 관념조차 허구일 수 있음을 보여준다.

❀ 나라는 착각은 어디에서 오는가?

뇌과학에 따르면, 우리의 자아는 뇌의 신경 활동으로 만들어진다. 뇌는 외부 환경에서 들어오는 정보를 수집하고, 이를 바탕으로 나라는 이미지를 구축한다.

이 과정은 자동적이고 무의식적이며, 마치 잘 조율된 연극처럼 진행된다. 뇌의 특정 부분, 특히 전두엽과 측두엽은 자아를 형성하는 데 중요한 역할을 한다. 이 부분들은 우리가 "나는 누구인가?"라고 묻는 순간, 그 질문에 답을 만들어내는 작업을 한다.

그러나 이 과정에서 만들어진 자아는 단지 뇌가 만들어낸 일종의 모델일 뿐, 고정된 실체가 아니다.

뇌과학은 자아가 일종의 사용자 인터페이스라는 사실을 보여준다. 컴퓨터 화면에 보이는 아이콘이 실제 하드웨어의 작동 방식을 반영하지 않는 것처럼, 자아는 뇌의 복잡한 작동을 단순화한 결과물이다. 우리가 나라고 느끼는 것은 뇌가 생성한 경험의 투사에 불과하다.

우리의 자아는 기억을 통해 형성된다. 과거에 경험된 사건, 감정, 생각이 하나의 이야기로 엮이면서 나는 누구인가? 라는 질문에 답을 제공한다. 나는 어릴 때 이런 사람이 었고, 지금은 이렇게 살고 있다는 식으로 우리는 자신을 정 의한다.

윤회는 전생의 기억이 현생의 나와 연결되어 있다고 주장 한다. 그러나 문제는 대부분의 사람들이 전생에 대한 기억 을 가지고 있지 않다는 것이다. 기억이 없다면, 전생의 자아 와 현생의 자아는 무엇을 기준으로 같은 존재라고 할 수 있을 까? 뇌과학은 기억이 뇌의 특정 부위에서 저장되고, 특정 조 건에서 재구성된다는 사실을 보여준다.

만약 뇌가 사라진다면, 기억도 함께 사라진다. 따라서 전 생의 기억이 없다는 것은 윤회의 주장이 자아의 연속성을 입 증할 수 없다는 것을 의미한다.

뇌과학은 자아가 얼마나 쉽게 변할 수 있는지 보여주는 사 례들을 제시한다. 알츠하이머병이나 외상성 뇌손상을 겪은 사람들은 기억을 잃거나 자아의 연속성이 끊어지는 경험을 한다. 특정 신경망의 손상이 발생하면, 사람은 자신이 누구 인지조차 인식하지 못하게 된다.

예를 들어, 클라이브 웨어링이라는 음악가는 심각한 뇌 손 상으로 인해 30초 이상의 기억을 유지하지 못하게 되었다.

그는 과거의 자신을 기억하지 못하며, 현재의 순간에만 존재한다. 이러한 사례는 자아가 뇌의 활동에 의해 만들어진 일시적 현상임을 보여준다.

만약 자아가 뇌의 작동에 의해 계속 변화한다면, 고정된 자아란 무엇인가? 뇌가 손상되면 자아도 변한다는 점에서, 자아는 물리적이고 조건적인 현상의 산물이다. 이는 윤회의 핵심 논리인 고정된 자아의 연속성이 성립하지 않는다는 것을 보여준다.

❀ 윤회는 뇌과학에서도 부정된다

윤회는 고정된 자아를 전제로 주장한다 윤회는 자아가 과거 생에서 현생으로, 그리고 다음 생으로 이어진다고 주장한다. 그러나 자아가 뇌의 활동으로 생성된다는 사실은 고정된 자아라는 개념을 부정한다. 나라는 자아가 환상이라면, 무엇이 윤회할 수 있다는 말인가? 전생의 자아와 현생의 자아는 단절되어 있다.

뇌과학은 기억이 뇌의 작동을 통해 유지된다는 사실을 보여준다. 전생의 기억이 없다면, 전생과 현생의 자아가 같은 존재라는 것을 증명할 방법이 없다. 이는 윤회에서 주장하는 자아의 연속성을 무너뜨리는 과학적 근거가 된다.

석가모니는 나라는 자아가 고정된 실체가 아니며, 일시적이고 조건적인 현상임을 가르친다. 이는 뇌과학이 밝혀낸 자아의 본질과 일치한다. 나라는 자아가 뇌의 활동으로 만들어진 환상이라면, 윤회는 그 기반부터 성립하지 않는다.

뇌과학은 자아가 일시적이며 조건적인 현상임을 보여주며, 무아의 깨달음을 과학적으로 뒷받침한다.

깨달음은 나라는 환상을 내려놓고, 모든 존재가 연결된 전체성을 깨닫는 것이다. 자아가 환상이라면, 윤회는 더 이상 설명할 필요조차 없는 허상이다.

자아가 없다면, 윤회할 주체는 무엇인가? 양자역학과 뇌과학은 고정된 자아라는 관념을 무너뜨린다.

나라는 개념은 뇌의 활동과 조건적 환경에서 형성된 것이며, 독립적으로 존재하지 않는다. 자아의 허상을 내려놓는 것이 깨달음의 시작이며, 윤회의 끝이다.

윤회는 고정된 자아, 선형적 시간, 그리고 업보라는 관념에 의존한다. 그러나 현대과학은 자아가 허상임을 보여주며,

시간과 인과의 전통적 개념을 부정한다.

윤회는 심리적, 문화적, 그리고 사회적 맥락에서 만들어진 이야기일 뿐, 객관적 진리로 입증될 수 없다. 윤회는 현대과학 앞에서 무너진다.

자유의지는 뇌의 착각이다

자유의지는 인간이 스스로 선택할 수 있는 능력을 의미하며, 이는 철학과 심리학에서 오랫동안 논의되어 온 주제이다. 그러나 신경과학의 발전과 함께 자유의지에 대한 기존의 개념이 재고될 필요성이 제기되었다.

20세기 후반, 신경과학자 벤자민 리벳(Benjamin Libet)은 인간의 의사 결정 과정이 실제로 의식적인 것인지에 대한 의문을 제기하는 실험을 수행하였다.

그의 연구는 자유의지의 실체에 대한 논란을 불러일으키며, 이후 신경과학과 심리학 분야에서 중요한 논의의 초석이 되었다.

⊞ 자유의지는 없다

리벳의 실험은 인간이 특정한 행동을 의식적으로 결정하기 전에, 이미 뇌가 그 행동을 준비하고 있는지를 확인하는 데 초점을 맞추었다. 실험 참가자들은 손목을 자발적으로 움직이도록 요청받았다.

이때, 참가자들은 자신이 움직이고 싶다고 자각한 순간을 정확히 인지하고 특수한 시계를 활용하여 움직이려는 의도가 발생한 시점을 기록하였다. 한편, 실험자들은 참가자의 뇌 활동을 측정하기 위해 뇌파(EEG) 또는 피질 전위 측정 기법을 사용하였다.

실험 결과, 참가자들은 자신의 의식적 결정을 평균적으로 움직이기 약 200ms(0.2초) 전에 인지했다고 했다. 그러나 신경학적 데이터 분석 결과, 뇌에서는 이미 500ms(0.5초) 전부터 운동을 준비하는 신호, 즉 준비전위(Readiness Potential, RP)가 발생하고 있음이 확인되었다.

이는 참가자가 의식적으로 행동을 결정했다고 믿기 훨씬 이전부터, 뇌가 이미 해당 행동을 준비하고 있었음을 시사하는 결과였다.

리벳의 연구 결과는 인간의 자유의지에 대한 새로운 문제를 제기하였다. 만약 우리의 뇌가 행동을 결정하기 300ms(0.3초) 이전부터 이미 해당 행동을 준비하고 있다면, 우리가 의식적으로 내린 결정이 실제로는 뇌의 무의식적 활동에 의해 선행된 결과일 가능성이 높다.

이는 인간이 자신의 행동을 스스로 결정한다고 믿지만, 사실상 우리의 뇌가 먼저 결정을 내린 후 이를 의식적으로 인식하는 것에 불과할 수 있음을 시사한다.

이러한 발견은 자유의지가 환상일 가능성을 제기하며, 인간의 선택이 실제로는 신경학적 기제에 의해 자동적으로 결정될 수 있음을 의미한다.

만약 인간의 모든 행동이 미리 결정된 신경 활동에 의해 이루어진다면, 이는 기존의 철학적 자유의지 개념과 충돌할 수밖에 없다.

리벳은 자신의 실험이 자유의지의 완전한 부정을 의미하지는 않는다고 주장하였다. 그는 인간이 행동을 결정하는 과정에서 단순히 뇌의 결정에 따르는 것이 아니라, 이미 발생한 신경 활동을 의식적으로 억제할 수 있는 능력을 갖고 있다고 보았다. 이를 자유 억제(Free Won't) 가설이라 한다.

리벳의 연구는 인간의 자유의지에 대한 논의를 심화시키는 계기가 되었으며, 현대 심리학에서는 이를 기반으로 의식적 결정이 어떻게 이루어지는지를 탐구하는 다양한 연구들이 진행되고 있다.

자유의지가 단순한 환상인지, 아니면 보다 복합적인 신경학적 과정 속에서 실재하는 것인지에 대한 논의는 여전히 계속되고 있으며, 이는 신경과학과 심리학이 풀어야 할 중요한 과제 중 하나로 남아 있다.

리벳의 자유 억제(Free Won't) 가설은 자유의지가 존재한다고 주장하기보다는, 무의식적인 뇌 활동을 의식적으로 억제할 수 있다는 주장이기 때문에, 자유의지가 존재한다는 확정적인 증거를 제공하지는 않는다.

현대 신경과학에서는 의사 결정이 무의식적인 뇌 과정에 의해 먼저 결정되고, 그 후에 의식적인 인식이 따라온다고 주장한다.

리벳의 실험처럼 뇌에서 준비전위(RP)가 먼저 발생한 뒤, 사람은 그 결정을 자각하고 의식적으로 선택했다고 믿을 수 있다. 하지만 실제로는 뇌가 미리 결정을 내린 뒤 그 결정을 해석하는 단계에 있을 뿐이다.

따라서 자유의지가 없다면, 모든 행동과 결정이 신경학적 과정의 산물로 볼 수 있으며, 인간의 선택은 단지 뇌의 무의식적 신호에 반응하는 것으로 이해될 수 있다. 이는 자유의지의 부재를 뇌의 정보 처리 과정으로 설명하는 방식이다.

❀ 뇌는 전자동 시스템이다

인간의 행동은 주로 유전자와 환경에 의해 형성된다고 볼 수 있다. 현대 심리학은 유전적인 요인과 환경적 요인이 인간의 선택과 결정을 결정짓는 중요한 요소라 설명한다. 즉, 우리의 선택은 의식적으로 내린 것이 아니라 유전자, 과거 경험, 환경적 영향에 의해 결정된다고 보는 것이다.

예를 들어, 행동주의 심리학에서는 자극과 반응의 관계를 강조하며, 사람의 행동이 특정 자극에 대한 반응으로 일어난다고 본다. 이 경우, 자유의지는 단지 우리가 생각하는 것일 뿐, 실제로는 환경적 자극에 의한 반응의 결과로 이해된다.

심리학에서는 뇌의 복잡한 신경망이 의사 결정을 어떻게

처리하는지를 설명하는 데 초점을 맞추기도 한다. 뇌의 여러 영역들이 상호작용하면서 의사 결정을 한다는 이론도 있다. 기저핵, 두정엽, 전두엽 등이 서로 협력하여 선택을 내리고, 이 과정을 의식적으로 인식하는 것은 후속 단계에 불과하다고 설명한다.

자유의지가 없다면, 의식적 결정은 뇌의 여러 신경 회로들이 이미 내린 결정을 후속적으로 인식하고 해석하는 과정이라고 볼 수 있다. 이는 우리가 선택을 한다고 느끼는 것 자체가 사실은 복잡한 뇌의 신경적 상호작용에 의한 결과인 것이다.

현대 심리학은 자기 결정(Self-Determination)과 상호작용적 결정을 다르게 설명한다. 자기 결정 이론은 사람들이 자율적으로 행동할 수 있다는 관점을 가지고 있지만, 이를 반박하는 견해는 사람들이 내면의 충동이나 외부 자극에 의해 크게 영향을 받는다고 주장한다.

예를 들어, 인지행동치료(CBT)에서는 사람들이 무의식적으로 특정 신념이나 사고 패턴에 따라 행동한다고 보고, 이러한 패턴을 바꾸는 것이 중요한 치료의 과정이 된다.

따라서 자유의지가 없다는 관점에서는 사람들이 결정을 내린다고 생각하지만, 그 결정은 내적 욕구나 외부 환경의 상호작용에 의해 만들어진 결과일 수 있다.

이때 사람들은 자신이 의식적으로 선택했다고 믿지만, 실제로는 이런 선택이 특정한 환경적 조건에서 유도된 결과일 뿐일 수 있다.

수전 그린필드는 브레인 스토리에서 "우리의 정체성은 고정된 실체가 아니라, 신경 활동의 패턴 속에서 형성되는 과정이다"라고 설명한다.

즉, 우리가 나라고 생각하는 것은 실제로는 뇌에서 일어나는 수많은 신경 신호들의 결과물이며, 이러한 과정은 고정된 것이 아니라 끊임없이 변한다.

이 개념은 리벳의 실험과 직접적으로 연결될 수 있다. 리벳의 연구는 우리가 의식적으로 결정을 내리기 전, 뇌가 이미 행동을 준비하고 있음을 보여주었다.

우리가 스스로 의식적으로 결정한다고 믿는 순간조차도, 사실은 뇌의 신경 회로가 이미 결정을 내린 후, 이를 마치 자신의 자유로운 선택인 것처럼 인식하는 것일 수 있다.

수전 그린필드는 이를 뇌의 자기 착각(Self-illusion)으로 설명할 수 있다고 본다. 그녀의 연구에 따르면, 의식은 우리가 생각하는 것처럼 독립적으로 존재하는 것이 아니라, 뇌의 특정 영역에서 특정한 신경 신호가 활성화될 때 형성되는 일시적인 현상이다.

다시 말해, 우리의 생각과 선택은 우리가 스스로 내리는 것이 아니라, 신경 네트워크의 역동적인 작용 속에서 발생하는 결과일 뿐이다.

이러한 관점에서 보면, 자유의지는 단순히 환상이 아니라 뇌가 만들어낸 서사(Narrative)일 가능성이 크다. 우리는 우리의 선택이 독립적이고 자율적이라고 믿지만, 사실상 우리의 경험과 환경, 그리고 뇌의 신경 활동이 만들어낸 결과물을 뒤늦게 해석하고 있을 뿐이다.

수전 그린필드는 브레인 스토리에서 의식이 연속적인 하나의 실체가 아니라, 뇌에서 일어나는 신경 활동이 순간순간 만들어내는 결과라고 주장한다.

즉, 우리가 하루 종일 동일한 나로 존재한다고 믿는 것은 착각이며, 사실 우리의 뇌는 매 순간 새로운 신경 연결을 만들고 변화한다.

리벳의 실험과 이를 연결하면, 자유의지가 존재하지 않는 이유는 단순히 우리가 행동을 미리 결정하는 것이 아니라, 애초에 자아(Self)라는 개념 자체가 순간순간 새롭게 만들어지는 것이기 때문이다.

만약 우리가 동일한 나로 계속 존재하지 않는다면, 특정 순간에 의사 결정을 내리는 주체도 실체가 없다는 의미가 된다.

자유의지를 논하는 것 자체가 의미가 없어질 수도 있다. 왜냐하면, 자유의지를 행사하는 나라는 존재가 단일한 실체가 아니라, 순간적인 신경 네트워크의 변화 속에서 임시로 형성되는 것이기 때문이다.

수전 그린필드의 연구와 리벳의 실험을 종합하면, 자유의지는 우리가 만들어낸 착각일 가능성이 높다. 우리는 특정 행동을 할 때 자신이 선택했다고 믿지만, 실제로는 뇌가 이미 결정을 내린 뒤 그것을 뒤늦게 인식하고, 마치 자신이 능동적으로 선택한 것처럼 해석하는 것이다.

그린필드는 이러한 과정을 뇌가 스스로를 설득하는 과정이라고 보았다. 우리의 뇌는 우리가 한 선택이 논리적이고 일관되게 보이도록 기억을 재구성하고 의미를 부여하는 과정을 거친다.

그러나 이 과정은 우리가 자유롭게 결정을 내린다는 의미가 아니라, 단순히 이미 일어난 신경학적 사건을 의미적으로 포장하는 과정일 뿐이다.

결과적으로, 자유의지는 단순히 환상이 아니라, 뇌가 자신을 이해하기 위해 만들어낸 하나의 이야기일 수 있다.

우리는 스스로의 선택을 인식한다고 믿지만, 실제로는 뇌의 신경 회로가 결정한 내용을 뒤늦게 해석하는 과정 속에 있는 것이다.

모든 존재는 서로 상호작용한다

우리는 일상적으로 세상을 독립적인 개체들로 이루어진 공간으로 인식한다. 사람, 나무, 동물, 별, 그리고 원자까지 각각 고유한 본질을 가지고 서로와는 무관하게 존재한다고 믿는 경우가 많다. 그러나 현대과학, 특히 상대성이론과 양자역학의 시각에서 보면, 이 세상은 단순한 개별적 존재들의 집합이 아니다.

모든 존재는 끊임없는 상호작용 속에서 정의되며, 그 관계를 통해 본질을 드러낸다. 이러한 관점은 우리의 세계관을 새롭게 정립하고, 우리가 존재를 바라보는 방식을 근본적으로 바꾸는 계기를 제공한다.

아인슈타인의 특수 상대성이론은 공간과 시간이 분리된

것이 아니라, 하나로 통합된 시공간이라는 연속체로 존재한다고 설명한다. 이는 공간과 시간 각각이 독립적으로 존재하는 것이 아니라, 물질과 에너지의 움직임과 상호작용 속에서만 의미를 가진다는 것을 뜻한다.

예를 들어, 태양과 지구의 관계를 생각해 보자. 태양은 단순히 우주의 한 지점에 고정된 존재가 아니다.

태양은 지구와의 중력적 상호작용을 통해 지구의 궤도를 형성하며, 그 과정에서 태양의 존재는 지구와의 관계 속에서 의미를 가지게 된다. 또한, 태양에서 방출된 빛이 지구에 도달하는 데 걸리는 시간, 즉 8분 20초라는 정보조차 태양과 지구 사이의 거리와 빛의 속도라는 상호작용의 결과로 정의된다.

일반 상대성이론은 이 관계를 더욱 확장한다. 질량을 가진 물체는 시공간을 휘게 하며, 이러한 휘어진 시공간은 다시 물체의 운동을 결정짓는다.

예컨대, 지구가 태양 주위를 공전하는 것은 단순히 태양의 중력에 의해 끌리는 것이 아니라, 태양이 주변 시공간을 휘게 하여 지구가 그 굴곡진 시공간을 따라 움직이는 것이라 할 수 있다.

결국 태양과 지구 그리고 시공간 자체는 서로 분리된 독립적 실체가 아니라, 모두 상호작용 속에서 서로 연결되어 있는 존재들임을 알 수 있다. 시공간조차도 고정된 배경이 아니라 끊임없이 변화하는 상호작용의 장이다.

✸ 관측자와 대상은 상호작용한다

양자역학은 존재와 상호작용의 개념을 더욱 극단적으로 밀어붙인다. 고전 물리학에서는 물체의 위치나 속도가 관측 여부와 상관없이 항상 일정하다 여겨졌다. 그러나 양자역학에서는 상황이 달라진다.

입자의 상태는 우리가 관측하기 전까지는 특정한 값으로 고정되어 있지 않다. 대신, 입자는 여러 가능성의 중첩 상태로 존재하며, 관측 행위가 이루어지는 순간 그 상태가 확정된다.

이를 측정 문제라고 부르며, 이는 관찰자가 입자와 상호작용하지 않는다면 입자의 상태조차 의미를 가질 수 없다는 점을 명확히 보여준다. 즉, 입자의 존재는 관찰자와의 상호작용 속에서만 현상적으로 드러나는 것이다.

양자역학의 또 다른 핵심 현상인 양자얽힘은 물리적 존재들이 서로 얼마나 깊이 연결되어 있는지를 보여준다. 얽혀 있는 두 입자는 아무리 멀리 떨어져 있더라도 하나의 상태가 결정되는 순간 다른 하나의 상태도 즉시 결정된다.

이는 두 입자가 독립적으로 존재하는 것이 아니라, 보이지 않는 상호작용으로 연결되어 있음을 나타낸다.

이 현상은 아인슈타인조차 기이한 원격 작용(Spooky Action at a Distance)이라고 부를 만큼 직관적으로 이해하기 어려운 개념이지만, 현대과학은 이를 실험적으로 증명해 왔다.

양자얽힘은 단순히 한 입자와 다른 입자의 관계를 넘어서, 우주의 모든 존재가 본질적으로 연결되어 있음을 시사한다.

상대성이론과 양자역학은 모든 존재가 서로 연결되어 있음을 강력히 암시한다. 물질, 에너지, 시공간, 입자 등 모든 것은 분리된 독립적 실체가 아니라, 끊임없는 상호작용 속에서만 존재를 드러낸다.

이 같은 관점은 철학적 사유와도 깊은 연관을 가지며, 인간 존재의 본질을 이해하는 데에도 중요한 통찰을 제공한다.

우리 인간 또한 이 거대한 상호작용의 네트워크에서 벗어날 수 없다. 우리는 끊임없이 환경과 상호작용하며, 그 속에서 우리의 정체성과 의미를 형성한다.

나와 타인의 관계, 자연과의 연결, 그리고 우주와의 상호작용은 모두 우리의 존재를 정의하는 본질적 요소들이다. 인간은 독립적으로 존재하는 고립된 섬이 아니라, 서로 얽히고설킨 관계 속에서만 의미를 가지는 존재이다.

모든 존재는 상호작용한다는 주장은 단순한 철학적 사유가 아니라, 현대과학이 보여주는 우주의 근본적인 작동 원리이다. 상대성이론과 양자역학은 존재가 고립된 실체로 독립적으로 존재하지 않으며, 관계와 상호작용 속에서만 정의된다는 사실을 밝혔다.

이러한 과학적 통찰은 동양 철학, 특히 불교 사상의 깊은 가르침과도 공명한다. 불교의 금강경과 반야심경은 모두 존재의 본질을 상호의존적 관계와 상대적 존재로 설명하며, 현대과학이 추구하는 진리와 놀라운 조화를 이룬다.

❀ 모든것은 서로 연결되어 있다

금강경의 凡所有相 皆是虛妄 若見諸相非相 卽見如來는 모든 현상(상, 相)이 고정된 실체가 아니라 허상이라는 점을 가르친다. 여기서 상(相)은 단순히 외형적 모습이 아니라, 우리가 경험하는 모든 관계와 현상을 포함한다. 금강경의 관점에서 보면, 존재는 고정된 실체가 아니라, 관계와 상호작용을 통해 나타나는 일시적인 현상이다.

상대성이론은 이 상(相)의 상대성과 세상이 허상임을 과학적으로 보여준다. 예를 들어, 태양과 지구의 관계에서 중력은 단순히 힘이 아니라, 태양이 시공간을 휘게 하고, 그 휘어진 시공간이 지구의 운동을 결정짓는 상호작용의 결과이다. 태양과 지구는 독립된 실체로 존재하는 것이 아니라, 중력이라는 상호작용 속에서 존재한다.

반야심경의 색즉시공 공즉시색에 따르면 우리가 보는 모든 현상(색)이 고정된 실체로 존재하는 것이 아니라, 공(空), 즉 본질적 공허함 속에서만 드러난다는 것이다. 동시에, 공(空)은 단순한 허무가 아니라, 색(色)을 통해 드러나는 실재의 또 다른 측면이다.

색과 공은 서로 대립하는 개념이 아니라, 서로를 통해 그 본질을 밝히는 상대적인 개념으로 공과 색 또한 고정되어 있지 않다.

이 가르침은 양자역학의 핵심 원리와 놀랍도록 닮아 있다. 양자역학에서 입자의 상태는 관측하기 전까지는 특정한 형태(색)로 고정되지 않고, 다양한 가능성의 중첩(공) 상태로 존재한다.

예를 들어, 전자는 특정 궤도에 존재한다는 색(色)으로 보이지만, 그 궤도는 관측과 상호작용이 이루어지기 전까지는 고정된 상태로 실재하지 않는다. 이는 색이 곧 공이며, 공이 곧 색이라는 통찰과 정확히 일치한다.

또한, 양자얽힘에서 얽힌 두 입자는 아무리 멀리 떨어져 있어도 하나의 상태가 결정되는 순간, 동시에 서로 영향을 주고받는다.

이는 공간적 분리가 실재하지 않으며, 모든 존재가 연결된 공(空) 속에서만 드러난다는 것을 보여준다. 색즉시공 공즉시색은 이러한 현대과학적 발견을 반야심경의 언어로 표현한 깊은 통찰이라고 볼 수 있다.

금강경과 반야심경의 가르침은 현대과학이 발견한 진리와

조화롭게 연결된다. 금강경은 상(相)이 고정된 실체가 아니라 관계와 상호작용 속에서만 드러난다고 가르치며, 반야심경은 색(色)과 공(空)의 상호의존성을 통해 모든 존재의 본질을 설명한다.

이는 상대성이론과 양자역학이 말하는 존재는 상호작용을 통해 정의된다는 과학적 관점과 깊은 통찰을 공유한다.

결국, 현대과학과 불교는 모든 존재는 독립된 개체가 아니라, 상호작용과 관계 속에서만 존재한다는 동일한 진리에 도달한다.

우리가 보는 모든 색(색즉시공)은 본질적으로 공(공즉시색)이며, 모든 상(相)은 허망하며 그 자체로는 실체가 아니다. 그러나 그 상호작용과 연결 속에서 진정한 의미를 발견할 수 있다.

따라서 우리의 존재도 독립적인 실체가 아니라, 관계와 상호작용 속에서 정의된다. 인간과 자연, 우주 전체는 서로 연결되어 있으며, 이 연결을 깨닫는 것이 곧 진리를 보는 것이다.

이는 모든 상은 허상이나, 상을 초월해 본질을 보면 진리를 깨닫는다는 금강경의 가르침과 반야심경의 색즉시공 공즉시색의 통찰이 현대적 의미로도 여전히 유효하다는 것을 보여준다.

　우리는 관계 속에서 존재하며, 그 연결을 통해 우주와의 조화를 이루어가는 존재이다.

제6장

진리는
본래무아다

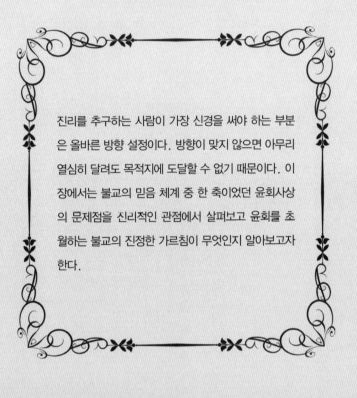

진리를 추구하는 사람이 가장 신경을 써야 하는 부분
은 올바른 방향 설정이다. 방향이 맞지 않으면 아무리
열심히 달려도 목적지에 도달할 수 없기 때문이다. 이
장에서는 불교의 믿음 체계 중 한 축이었던 윤회사상
의 문제점을 신리적인 관점에서 살펴보고 윤회를 초
월하는 불교의 진정한 가르침이 무엇인지 알아보고자
한다.

방향이 틀리면 속도는 아무 의미가 없다

수많은 사람들이 초기 경전에 윤회가 언급됐다는 이유로 윤회를 석가모니 가르침의 핵심으로 믿어 왔고 지금도 믿고 있다.

그러나 이는 근본부터 되짚어볼 필요성이 있다. 현재 남아 있는 불교 경전은 석가모니 생전의 기록이 아니다. 우리가 초기 불교 경전이라고 부르는 《아함경》이나 《니까야》 같은 텍스트는 석가모니 사후에 기록된 것이다.

석가모니 시대에는 문자 기록이 일반화되지 않았고, 그의 가르침은 주로 구전으로 전해졌다. 구전은 석가모니 입멸 이후 제자들에 의해 집단적으로 암송되고 전승되었으므로, 시간이 지나면서 점차 변형되었을 가능성이 크다.

불교 경전이 문자로 기록된 것은 석가모니 입멸 후, 약 200
년 뒤, 아쇼카 왕의 통치 시기로 추정된다. 이 과정에서 제자
들의 해석, 당시 사회적 맥락, 다른 사상과의 융합이 경전에
영향을 미쳤을 가능성이 높다. 현대 불교학자들(리처드 고문
즈, 케네스 노먼 등)은 초기 경전의 내용 중 여러 부분이 후대에
추가된 것이라고 주장한다.

예를 들어, 《디가 니까야》와 같은 초기 경전에는 윤회를
강조하는 구절과 함께, 무아와 연기의 법칙을 설명하는 구
절이 혼재되어 있다. 석가모니의 본래 가르침인 무아연기
가 후기의 윤회 중심적 사상으로 인해 오염된 결과로 추측된
다. 그렇다면, 초기 경전에 윤회가 등장하는 이유는 무엇일
까? 초기 불교는 당시 사람들의 통상적 사유 방식을 고려하
여 윤회를 불교 전파를 위한 방편으로 사용했기 때문일 가능
성이 크다.

석가모니가 활동하던 시기 이전부터 지금까지 인도 사회를
지배해 온 브라만교는 윤회와 업(카르마)을 핵심 교리로 삼았
다. 인간은 전생의 업에 따라 새로운 몸으로 태어나며, 해탈
(모크샤)을 통해 윤회에서 벗어날 수 있다고 가르쳤다.

초기불교는 브라만교적 윤회사상을 완전히 부정하지 않고,

이를 방편적으로 사용했다. 윤회를 인정하는 듯한 방식으로 대중에게 고통의 순환과 업의 사슬을 설명했다.

당시 사람들이 윤회를 통해 고통의 근원을 탐구하도록 이끌었다. 이는 마치 아이들에게 교훈을 가르치기 위해 동화를 사용하는 것과 같다. 여기서 동화는 진리가 아니라, 진리에 다가가기 위한 도구일 뿐이다.

❀ 순수진리는 방향성이다

순수진리를 공부하는 구도자에게 가장 중요한 것은 올바른 방향으로 가고 있는지를 끊임없이 확인하는 것이다. 방향이 잘못되면, 아무리 오랜 시간 명상을 하고 진리 공부를 하며, 훌륭한 스승을 찾아다닌다 해도 그 노력은 결실을 맺을 수 없다.

간디가 말한 방향이 틀리면 속도는 아무 의미가 없다는 말은, 진리를 향해 나아가는 구도자들에게 중요한 지침이 된다.

예를 들어 히말라야의 에베레스트 정상을 한 번도 올라보지 못한 사람이 에베레스트를 올라간다고 생각해보자. 에베레스트산에 정통한 안내자 없이 에베레스트를 등반한다면 제대로 된 방향을 찾기가 어렵다. 또한 잘못된 방향으로 가게되면 매우 위험한 상황에 처할 것이다.

진리의 길을 가는 것도 이와 같다. 올바른 방향을 찾지 못하면 구도에 대한 열정과 모든 노력이 헛수고가 되고 만다. 그러므로 정확한 방향을 알려줄 수 있는 깨달음이 드러난 스승을 만나는 것이 무엇보다도 중요하다.

석가모니는 이 우주 현상세계에서 어떤 독립적인 존재나 자유의지를 가진 주체는 없다고 말했다. 모든 존재는 상호작용하는 연기의 법칙으로 생겨나고 사라지기 때문에, 주체로서 개체적 자아는 존재하지 않는다고 하였다. 모든 현상적인 존재는 조건들의 상호작용에 의해 생겨나고, 그 조건에 의해서만 존재할 수 있다.

또한 조건이 달라지면 모든 존재는 결국 사라질 수밖에 없는 연기적 존재다. 이 깨달음을 통해, 우리는 나라고 생각하는 존재는 실체가 아니라 조건 지어진 연기적 존재임을 알게된다.

진리의 올바른 방향성은 무아연기에 맞춰져야 한다.

따라서 이 몸과 마음을 갈고닦아 깨달음을 얻으려는 노력, 윤회의 사슬에서 벗어나기 위해 선업을 쌓는 행위, 더 나은 내세를 기대하며 업장을 소멸하려는 믿음은 모두 잘못된 방향을 가리키고 있다. 왜냐하면 이러한 노력들은 모두 나라는 것이 실재한다는 전제 위에서 에고를 강화하기 때문이다.

그러나 깨달음이 드러난 스승들이 한결같이 말하는 진리의 핵심은 무아(無我)다.

윤회는 토끼뿔이다

구도자는 깨달음과 같은 근원적인 것에 접근하기 전에 토끼와 토끼뿔에 대한 명확한 이해가 있어야 한다.

그러면 무엇이 토끼고, 무엇이 토끼뿔인가? 여기서 토끼는 현상세계에서 우리가 경험적으로 인식할 수 있는 것이며, 토끼뿔은 착각된 의식에서 나오는 거짓된 상상의 개념이다.

그렇다면 윤회는 토끼일까? 토끼뿔일까?

만약 누군가가 토끼에게 뿔이 있다고 주장한다면, 그것은 두 가지 경우뿐이다. 하나는 실제로 존재하지 않는 것을 착각하는 것이고, 또 하나는 일부러 꾸며낸 이야기라는 것이다.

영혼불멸과 사후세계에 대한 개념 역시 마찬가지다. 우리는 너무 오랫동안 영혼은 죽지 않는다는 가정과 죽음 이후에

도 또 다른 세계가 있다는 믿음을 당연한 것처럼 받아들여
왔다.

  하지만 이런 것들은 진리와는 아무런 관련이 없다. 죽음과
소멸을 두려워하는 인간이 자신의 에고를 유지하기 위해 스
스로 만들어낸 허구적 개념일 뿐이다.

  석가모니는 무아(無我)를 깨닫고, 그것을 진리로 설파했다.
무아란 간단히 말하면 나라고 할 수 있는 실체는 없다는 것이
다. 그런데 영혼불멸과 사후세계라는 개념은 어떠한가? 그
것들은 나라는 존재가 죽음 이후에도 지속된다는 전제를 필
요로 한다. 즉, 윤회는 무아의 진리를 완전히 왜곡하고, 깨
달음과는 반대 방향으로 가는 엉터리 개념이다.

❀ 영혼불멸 자아를 유지하려는 망상

  영혼불멸이라는 개념은 인간이 자신의 정체성을 지속시키
고 싶어 하는 욕망에서 비롯되었다. 죽음 이후에도 나라는
존재가 이어진다면, 우리는 죽음을 두려워하지 않아도 된다.
그래서 인간은 영혼이라는 개념을 만들어냈다.

그러나 중요한 것은 영혼이라는 것을 실제로 본 사람도, 측정한 사람도, 증명한 사람도 없다는 것이다. 영혼이 실제로 존재하는지에 대한 증거는 어디에도 없다. 하지만 인간은 보이지 않더라도 존재한다고 믿으면 된다는 논리를 들어, 마치 영혼이 당연히 존재하는 것처럼 받아들였다.

그 이유는 단 하나다. 나는 영원히 사라지지 않는다는 믿음이 자아의 소멸이나 정체성의 상실에서 오는 두려움을 없애고 자신을 안심시키기에 더 유리하기 때문이다.

하지만 진리는 무엇인가? 나라는 존재는 한 순간도 동일한 실체로 존재한 적이 없다. 우리는 매 순간 변하고 있으며, 우리의 신체와 의식도 변화과정 속에서 존재할 뿐이다.

영혼불멸이라는 개념은 개체적 자아의 소멸이라는 진실을 받아들이지 않으려는 저항일 뿐이며, 그것은 진리를 가리는 가장 강력한 착각이다.

❀ 사후세계 에고가 만들어낸 허상

사후세계라는 개념은 죽음을 인정하지 않으려는 심리에서

비롯되었다. 사랑하는 사람을 잃으면, 우리는 그 사람이 완전히 사라졌다는 사실을 쉽게 받아들이지 못한다.

그래서 그 사람은 다른 세계에서 여전히 존재할 것이라고 생각한다. 그 믿음을 흔들거나 부정하며 사후세계가 없다고 주장하는 사람은 비난을 받게 된다.

문제는 사후세계에 대한 증거가 없다는 것이다. 수많은 사람이 임사체험(NDE)을 경험했다고 주장하지만, 그것이 실제로 사후세계의 존재를 증명하는 것은 아니다.

임사체험을 한 사람들이 본 빛, 터널, 천사 같은 것들은 대부분 뇌의 신경 활동과 관련이 있다. 뇌가 산소 부족 상태에 빠지면, 시야가 좁아지면서 마치 터널 속으로 빨려 들어가는 듯한 경험을 하게 된다. 사람들은 자신의 종교적 신념이나 문화적 배경에 따라 서로 다른 사후세계를 경험한다.

기독교 문화권에서는 천사와 하늘을 보았다고 하고, 불교 문화권에서는 전생의 모습을 보았다고 한다. 만약 사후세계가 실제로 존재한다면, 경험하는 것이 사람마다 다른 이유를 설명하기 어렵다. 그것은 사후세계가 실제로 존재하는 것이 아닌, 인간의 신념과 잠재된 의식이 빚어낸 환상일 뿐이라는 것을 보여준다.

사후세계라는 개념은 결국 인간이 죽음 이후에도 계속될 것이라는 믿음을 갖기 위해 만든 허구다. 죽음을 회피하기 위한 수단으로써 만들어낸 거짓 개념일 뿐이다.

❀ 윤회의 허구성

영혼불멸과 사후세계라는 개념은 인간이 자신의 에고를 유지하기 위해 만들어낸 개념이다. 그리고 그것을 시간 개념, 자연의 순환과정 등과 정교하게 이어 붙여서 만든 것이 윤회 사상이다. 영혼불멸과 사후세계라는 두 개의 허구를 합쳐 새로운 개념을 만든 것이 윤회이기 때문에, 그것은 실재하지 않는 토끼뿔과 같은 것이다.

사후세계에 대한 견해를 정리해보면 단멸론과, 상주론(영혼불멸설), 무아론 등으로 나누어 볼 수 있다.

첫번째 단멸론은 한번 태어나 살다가 죽으면 끝이라고 보는 견해이다.

이것은 유물론적 관점이면서 현상적 관점이기도 하다. 단멸론에서는 영혼과 육체를 따로 보지 않고 그냥 몸과마음을 하나라고 하는데, 죽음과 동시에 몸과 마음이라는 물질현상도 사라진다고 보는 견해이다.

두번째 관점은 상주론이다. 몸과 마음, 영혼과 육체를 나누어 놓고 몸은 살다가 죽지만 마음 또는 영혼은 죽지 않는다는 견해이다.

이것은 종교적 관점이면서 유신론적 관점이다. 여기서 몸은 껍데기로써, 중요한 것이 아니다. 영혼불멸설에서는 영혼이라는 것을 물질과는 달리 소멸되지 않는 존재의 핵심적 실체로 여긴다.

영혼불멸설은 다시 세 가지 종류로 나누어 볼 수 있는데 첫번째가 천국 지옥설, 두 번째가 부활설, 세 번째가 윤회설이다. 이 영혼불멸설도 종교마다 조금씩 다르다.

우선, 천국과 지옥설은 영혼불멸설에서 초기 단계의 사상이다.

종교가 만들어지기 전, 인류의 사후세계설 중 가장 기본은 죽으면 조상님 곁에 간다는 것이다. 그런데 종교가 만들어지고 나서는 조상님 곁으로 간다는 것이 자기가 믿는 신에게 간다는 것으로 바뀐다.

유대교, 기독교, 이슬람교는 같은 뿌리에서 나온 다른 종교다. 현실 세계에서는 서로 철천지 원수라서 끝없이 전쟁을 하고 있다. 그런데 그들 모두 죽으면 자기들이 믿는 유일신 (야훼와 알라는 같은 신이다) 곁으로 간다고 주장한다. 이건 분명히 웃픈 일이 아닐 수가 없다.

영혼불멸설이 종교화되면서 천국과 지옥설이 나오게 되었다. 천국은 좋은 곳이고 지옥은 나쁜 곳이니 선악 개념이 작동할 수밖에 없는 것이다.

천국과 지옥설에 추가된 선악 개념은 일정 부분에서는 사회질서를 조절하는 역할을 하게 되었다. 그런데 그것은 세속적인 측면에서 필요에 의해 만들어진 것이지 진리적인 측면에서 보면 모두 엉터리인 것이다.

부활설은 이집트에서 발생했다. 이집트의 피라미드는 죽은 왕들의 무덤이다. 죽은 사람을 다시 부활시키기 위해서 미라로 만들어서 안장시켜 놓은 것이 부활설의 효시이다.

윤회설은 영혼이 왔다 갔다 한다는 것이다. 이것은 약간 차원 높은 영혼불멸설인데 유아윤회와 무아윤회로 나뉘어진다.

유아윤회는 힌두교의 윤회이다. 불멸인 아트만이 완성되어 브라만과 합일되기 전까지는 이승과 저승을 왔다 갔다 한다는 것이다.

반면에 불교에서 주장하는 무아윤회는 부처님 말씀대로 자아가 없다는 무아 사상과 윤회사상을 연결시켜 만든 것이다.

마지막 관점은 무아론이다. 이것은 일반사람들은 도저히 상상할 수 없는 관점이지만 순수진리적 관점이다. 순수진리적 관점은 상대적인 현상세계를 살아가고 있는 평범한 의식 상태의 사람들로서는 이해하기 어렵다.

왜냐하면 순수진리적 관점은 그 근원이 현상세계에 있지 않기 때문이다.

석가모니가 깨달은 무아연기는 현상적인 나라고 하는 존재는 실체가 아니고, 우리가 인식하고 있는 이 우주 자체도 모두 허상이라는 것이다.

모든 존재는 연기적으로 생하고 연기적으로 멸할 수 밖에 없는 생멸하는 허상체이다.

✿ 윤회도 없고 윤회할 나도 없다

윤회를 믿는 사람들은 삶과 죽음이 반복된다는 말을 당연한 듯이 받아들이지만 정작 윤회하는 주체가 무엇인지에 대해서는 의문을 갖지 않는다.

나는 전생에 존재했고, 지금도 존재하며, 다음 생에도 존재할 것이라고 믿는다. 하지만 나란 무엇인가? 그 나라는 것이 정말로 실체가 있는가? 라고 질문하면 제대로 답을 하지 못한다.

많은 사람들이 윤회가 존재하는지 아닌지를 논하지만, 정작 윤회하는 주체가 무엇인지, 그것이 정말로 존재하는지에 대해서는 의문을 제기하지 않는다.

마치 허공에서 누군가를 찾는 것처럼, 존재하지 않는 대상을 전제로 제대로 된 검증도 없이 상상의 논리를 펼치고 있을 뿐이다. 하지만 진리를 깨달은 이들은 한결같이 말한다.

윤회도 없고 윤회할 나도 없다.

이 말이 무엇을 의미하는지 깊이 살펴보자.

깨달은 사람들이 공통적으로 하는 말은 우리가 현상적으로 인식하는 이 세상은 실제로는 존재한 적이 없다는 것이다.

우주현상계 자체가 존재한 적이 없기 때문에 그 안에 들어 있는 인간을 비롯한 모든 존재들도 존재한 적이 없다.

그것을 무아론적으로 다시 설명하면 모든 사람들이 인식하고 있는 이 세상은 의식이 투영시켜 놓은 꿈속의 상황과 똑같은 것이며, 의식 안에서 펼쳐지는 상(相)이기 때문에 실재가 아니라는 것이다.

꿈속에서 나라고 생각하면서 온갖 생각과 말과 행위를 일으키고 있는 그 존재는 주체가 될 수 없다. 왜냐하면 꿈을 꾸는 것은 의식이지 꿈속에 투영된 개체가 아니기 때문이다. 꿈속에서는 세상도 진짜로 보이고, 거기 들어 있는 나도 진짜로 보인다.

꿈속에서 커피를 마시면 진짜로 커피 맛을 느낀다. 분명히 그 꿈속에 들어 있던 개체는 어떤 생각을 일으키고 말을 하고 행동을 했지만, 꿈을 깨고 보면 꿈속의 모든 존재들은 의식이 펼쳐낸 허상이었음을 알 수 있다.

꿈 속의 나는 꿈꾸는 의식이 투영시켜 놓은 수없이 많은 존재들과 똑같은 하나의 허상이지만, 그 속에 있을 때는 독립적인 나라고 착각을 하는 것이다.

그러면 그 꿈속의 등장인물로 하여금 생각하고 말하고 행위하게 한 건 누구인가? 그것은 바로 그 꿈을 통째로 펼쳐낸 의식이다. 그런데 꿈을 꾸는 동안은 그것을 알 수가 없다. 오직 꿈을 깨야만 진실을 알 수 있다. 꿈을 현실이라고 착각하고 있는 사람들에게 깨달은 스승들은 진실을 알려주기 위해서 꿈의 상황을 비유해 주는 것이다.

삼법인도 윤회를 부정한다

윤회에서 벗어나기 위해 애쓰는 사람들이 있다. 그들은 전생에 지은 업을 씻기 위해 기도하고 이번 생에서 선업을 쌓아 더 나은 다음 생을 기약하기도 한다. 그러나 이러한 모든 노력은 윤회가 실재한다는 믿음 속에서만 의미를 가진다. 윤회에서 벗어나야 한다는 말 자체가 윤회의 존재를 전제하고 있다.

그러나 깨달은 스승들은 한결같이 이렇게 말한다. '윤회가 있는지 없는지가 중요한 것이 아니라, 윤회할 내가 없다는 것을 깨닫는 것이 중요하다.' 바로 무아(無我)의 깨달음이다.

윤회를 믿는 자아가 착각일 뿐이라는 사실을 통찰해야 한다. 애초에 윤회할 자아가 없음을 깨닫는 것, 이것이 바로 윤회를 초월하는 무아의 깨달음이다.

여기서 석가모니가 설했다는 삼법인(三法印)에 대해 살펴보자. 결코 양보할 수 없는 불법의 3가지 징표를 불교에서는 삼법인이라고 한다.

삼법인은 제행무상(諸行無常) 일체개고(一切皆苦) 제법무아(諸法無我)의 세 가지를 말하며, 이를 간단히 무상(無常) 고(苦) 무아(無我)라고도 한다.

이 세상에 존재하는 모든 것은 시시각각 변화하여 고정된 것이 없으며, 인간은 이러한 변화를 받아들이지 못하고 영원하기를 원하기 때문에 고통이 발생한다.또한, 모든 존재는 본질적으로 고정된 실체가 없음에도, 이를 실체라고 고집하는 집착이 고통을 초래한다고 석가모니는 설파하였다.

잘 살펴보면 삼법인의 핵심은 무아이며, 무상과 고는 무아를 설명하기 위한 방편이라는 것을 알 수 있다. 2600년 전 석가모니는 자신이 깨달은 무아연기의 진리를 사람들에게 이해시키기 위해서 여러 가지 쉬운 말과 비유를 들어 설명하였다.

이는 사람들이 보다 쉽게 무아의 개념을 이해할 수 있도록 하기 위한 것이다. 석가모니는 삼법인을 통해 무아가 왜 중요한지, 그리고 왜 반드시 깨달아야 하는지를 설명하였다.

결국 삼법인은 세 번째 명제인 무아를 설명하기 위한 것이며, 이를 뒷받침하기 위해 제행무상과 일체개고를 제시한 것이다.

모든 존재는 연기의 법칙에 의해 형성되며 홀로 존재할 수 없다. 인간 또한 독립적인 실체가 아니라 다양한 조건과 관계 속에서 존재하는 개념적 현상에 불과하다.

따라서 나라는 고정된 개체는 본래 없으며 의식 속에서 형성된 하나의 생각일 뿐이다.

이를 깨닫지 못하면 사람들은 나를 유지하고 보호하려 애쓰며 죽음 이후에도 더 나은 존재로 윤회하기를 바란다. 이러한 집착이야말로 고통의 근원이다.

깨달음이란 더 나은 내가 되는 것이 아니라 나라는 착각이 사라지는 것이다.

내가 윤회에서 벗어나 해탈하는 것이 아니라 윤회를 경험하는 나라는 주체가 애초에 없었음을 깨닫는 것이다.

✸ 모든 것은 변한다

제행무상(諸行無常)이란, 모든 드러난 것은 항상하지 않다는 의미이다.

즉, 모든 것은 변하며 시작된 것은 반드시 끝이 난다. 우리는 때때로 삶의 덧없음을 느낄 때 인생무상이라고 말한다. 하지만 제행무상의 본질은 단순한 덧없음이 아니라 바로 연기(緣起)의 법칙에 있다.

연기법칙은 어떤 것도 스스로 존재할 수 없고 홀로 존재할 수 없다는 것이다.

제행무상이란 결국 연기의 원리에 따른 필연적인 변화의 흐름이다.

이 세상에 태어나 존재했던 그 누구도 영원히 살지 못한다. 수백 년을 살아남은 인간은 없다. 이는 인간뿐만 아니라 모든 물질에도 동일하게 적용된다. 존재하는 모든 것은 반드시 시작이 있었으며 상대성의 법칙과 생멸(生滅)의 원리에 따라 결국 소멸한다.

또한, 이처럼 조건에 의해 형성된 존재는 결코 독립적으로 존재할 수 없다. 대상이 없으면 나도 있을 수 없는 것이다.

현상계는 대상과의 관계 속에서만 드러날 수 있기 때문이다.

❀ 집착이 곧 고통이다

자신의 존재를 철저히 분석해 보면 나라는 존재 역시 몇 십 년 전에 태어났으며 시간이 지나면 반드시 죽을 수밖에 없다. 이는 명확한 진실이다. 그러나 사람들은 이러한 필연적 소멸을 받아들이지 못하고 끝없이 자신을 유지하고 보호하려 애쓴다.

더 오래 살기를 바라며 죽은 이후에도 더 나은 곳으로 가기를 염원한다. 그러나 아이러니한 점은, 잘되려고 애쓰면 애쓸수록 더 깊은 고통에 빠지게 된다는 것이다.

반면, 이것이 내가 아니라는 것을 깨닫고 내려놓을 때 오히려 자유의 광명이 드러난다. 죽어서까지 자신의 존재를 유지하려 애쓰는 사람은 끝없는 고통 속에 머물 수밖에 없다. 이것이 바로 일체개고(一切皆苦)의 의미이다.

인간이 겪는 모든 고통은 자신을 불변하는 고정된 실체로 착각하고, 거기에 집착하는 것에서 원인을 찾을 수 있다. 우리는 고통의 원인을 외부 환경에서 찾고자 한다.

누군가 나를 괴롭혔다거나 누군가에게 사기를 당했다거나, 어떤 불행한 일이 발생했다는 등의 이유를 들며 고통이 외부에서 비롯되었다고 여긴다. 그러나 이러한 집착을 내려놓는 순간, 그토록 괴롭던 고통은 신기하게도 사라져 버린다.

이는 단순한 심리적 위안이 아니라 철저한 실재의 원리에 기반한 것이다. 왜냐하면, 고통을 경험할 주체가 없기 때문이다. 결국 문제가 되는 것은 외부 환경이 아니라, 고통을 받는 내가 있다는 내적인 신념이다. 만약 고통받는 나라는 착각이 없다면, 아무리 거대한 쓰나미가 몰려오더라도 그것은 단지 하나의 생멸하는 현상일 뿐, 나의 고통이 될 수 없다.

❀ 실체로서의 나는 존재하지 않는다

삼법인(三法印)의 핵심은 바로 제법무아(諸法無我)이다. 인간이 고통을 겪는 이유는 나라는 개념을 실체로 착각하기 때문이다. 그러나 만약 나라는 개념이 허상이라면, 고통을 경험하는 주체 또한 실체가 아니다.

이것을 깨달은 사람은 고통을 경험하는 방식이 완전히 달라진다. 물론, 누군가가 뺨을 때리면 통증은 느낀다. 하지만 그것을 나의 고통이라고 여기지 않는다. 단순히 순간적인 통증으로서만 존재할 뿐, 그것이 심리적인 고통으로 이어지지는 않는다.

예를 들어, 누군가가 나의 돈을 빼앗아 갔다고 하자. 그것을 알게 되는 순간, 상실의 충격이 있을 수 있다. 그러나 거기서 상황은 끝난 것이다. 이미 사라진 돈에 대해 몇 년이 지나도록 집착한다면 그것은 스스로 고통을 창조하는 행위에 불과하다.

육체적인 통증이나 심리적 충격은 조건이나 상황에 따라 연기법칙으로 발생하고 소멸할 뿐 그것이 나의 고통이 될 수 없다. 고통을 느낄 내가 없기 때문이다. 내가 없으므로 나의 것도 없다.

이것을 모르면 나라는 것이 실재한다고 믿게 된다. 내가 생기면 나의 것이 생기고 나의 것이 생기면 집착이 일어난다. 그리고 집착이 일어나면 연속적으로 고통이 발생한다.

모든 것은 연기법칙으로 생멸하기에 집착한다고 해서 뜻대로 되는 것은 없다. 뜻대로 되지 않으므로 저항감이 일어나고 저항감이 일어나면 고통이 발생한다.

본래 존재하지 않는 나와 나의 것이라는 개념에 집착하면 할수록 인간은 스스로 더욱 더 깊은 고통을 만들어내는 것이다.

우주의 모든 현상은 결국 주체로서의 정체성을 지닌 개체가 아니라, 단지 하나의 개념에 불과하다. 현상계의 모든 것은 본래성품이 자신을 투영하여 드러낸 현상일 뿐이다.

이 개념적 현상들은 수많은 인연 속에서 서로 얽히고 변화하며 생멸하지만, 본질적으로 변함없는 본래성품은 그대로이다.

석가모니는 깨달았을 때, 나라는 개념이 본질적으로 실체가 없는 허상임을 보았다. 이것이 바로 무아(無我)의 가르침이다.

윤회의 환상에서 벗어나기 위해서는 먼저 나라는 것이 과연 실재하는지 깊이 탐구해야 한다. 만약 나라는 개념이 단지 생각과 경험의 연속일 뿐이라면, 윤회할 나라는 존재 자체가 없다는 결론에 도달하게 된다.

그렇다면 죽음 이후에 무엇이 남는가? 아무것도 남지 않는다. 무엇이 사라지는가? 본래 존재하지 않았던 나라는 착각만이 사라질 뿐이다.

　깨달음이란 더 나은 내가 되는 것이 아니라, 나라는 착각이 사라지는 것이다. 윤회라는 망상으로부터 벗어나기 위해서는 먼저 나라는 개념을 내려놓아야 한다. 윤회가 없는 것이 아니라, 윤회할 주체가 애초에 없었던 것이다.

갈고닦아 무아가 되는 것이 아니라, 본래무아다

깨달음은 공체험이나 우주의식체험, 무아체험이 아니다.

우리가 알고 있는 깨달음에 대한 잘못된 인식 중에서 삼매, 우주의식, 육신통에 대해 알아보도록 하자.

✿ 삼매

좌선을 하거나 어떤 것에 집중해서 몰입하다 보면, 일체 생각이 끊어져 인식이 되지 않는 삼매가 드러나게 된다. 사마타 집중명상을 하는 사람들은 삼매의 맛에 빠져 헤어 나오지 못하는 경우가 종종 있다.

이렇게 아무 생각이나 감정, 느낌이 없는 상태를 '무아의 경지'라고 말하기도 한다. 그런데 그것은 무아의 참뜻을 모르고 하는 말이다.

무아란, 현상계에 나타난 나라는 주체는 실재하지 않는다는 통찰이다.

보통 사람들은 생각이 많거나 정리가 안됐을 때, 한 가지에 몰입하게 되면 마음이 안정된다. 마음이 안정되면 근심 걱정이 없는 상태이기 때문에 자연스럽게 엔돌핀이 솟아나고 희열감이 생긴다.

그래서 우리가 사마타를 하면서 몰입된 상태(삼매)에 한번 맛을 들여놓으면 반복적으로 삼매를 추구하게 된다.

물론 명상을 통해서 부수적으로 희열감, 행복감 등을 얻는 것이 나쁘지는 않지만 그런 상태를 목표로 추구하는 것은 명상의 본질이 아니다.

흔히들 모든 시비분별이 끊어져 일체가 텅 빈 상태를 체험하게 되면 그것을 깨달음의 상태로 착각한다. 그것은 텅빈 느낌의 고요한 상태이지 깨달음은 아니다.

❀ 우주의식

개체로서의 나의 의식이 최대치까지 확장되면 '나는 우주다'라고 표현하기도 한다. 구도자들 중에 깨달았다고 착각하는 사람들의 대다수가 여기에 속한다. 한 점에 불과한 개체로서의 내가 현상계 안에서 가장 큰 덩어리인 우주처럼 느껴진다. 무한한 우주를 나와 동일시하며 에고가 극대화되는 것이다.

이런 상태의 사람들은 보통 사람들의 눈에는 그릇이 엄청나게 큰 사람으로 보이게 된다. 의식의 스케일이 다르기 때문이다.

이 몸뚱이 하나만을 자기라고 여기는 사람을 접시물에서 노는 사람이라고 한다면, 우주의식을 가지고 있는 사람은 태평양에서 놀고 있는 격이다. 의식이 어느 규모에서 노느냐에 따라 같은 인간이라도 그릇이 제각기 다르다고 말할 수 있다.

그러면 가장 큰 의식의 경계인 이 우주의식이 깨달음일까? 아니다. 이것은 에고의 극대화일 뿐이다. 그 우주의식의 중심에는 여전히 내가 들어있다.

그러므로 이것은 여전히 에고가 그릇된 동일시 속에 빠져 착각하고 있는 것이다.

⻰ 육신통

육신통이란 불교에서 말하는 부처, 보살, 아라한의 경지에 도달한 수행자들이 수행의 부산물로 얻을 수 있는 여섯 가지 신통력을 가리킨다.

간단히 정리해보면 천안통은 육안으로 볼 수 없는 것을 보는 능력, 천이통은 들을 수 없는 먼 곳의 소리를 들을 수 있는 능력, 타심통은 다른 사람의 마음을 들여다 보는 능력, 숙명통은 자기와 타인의 전생을 기억해낼수 있는 능력, 신족통은 원하는 곳에 빨리 이동할 수 있는 능력, 누진통은 모든 번뇌와 욕망을 끊을 수 있는 능력을 말한다.

불교는 육신통을 비롯한 신통력이 존재한다고 믿고 있다. 그러면서도 한편으로는 신통력에 과도하게 빠짐은 오히려 신통에 집착하여 해탈에서 멀어지는 길이라고, 부정적으로 여기기도 한다.

수행을 하는 과정에서 특정분야에 뛰어난 능력을 가지게 되는 경우도 있지만 그것은 깨달음과는 무관하다. 깨달음을 신통력을 가진 사람이나 흔들림 없는 여여한 사람이 되는 것으로 생각한다면 큰 착각이다.

깨달음이란 어떤 능력을 키우는 것이 아니라, 내가 본래 없다는 사실을 깨닫는 것이다. 무아는 도달해야 할 목표가 아니라, 애초부터 그러한 사실을 통찰하는 것만이 필요할 뿐이다.

❀ 본래무아 본래절대

진정한 깨달음이란 무언가를 새로 성취하는 것이 아니라, 본래 있는 그대로를 깨닫는 것이다. 수행은 깨달음을 얻기 위한 과정이 아니라, 애초부터 그러했던 사실을 드러내는 과정이다.

깨달음은 어떤 특정한 경지를 의미하는 것이 아니라, 이미 존재하는 본래의 상태를 의미한다. 따라서 절대성을 색과 공의 대립 속에서 이해하려는 것은 본질적인 오류이다.

상대적인 세계가 존재하기 때문에 그 반대편에 절대성의 세계가 있다고 믿으며, 일체가 텅 비어 있는 공의 상태를 절대라고 간주하는 것이다.

이러한 관점에서는 절대세계를 텅 빈 세계로 보게 된다. 그 결과, 절대의 세계에는 시비분별도 없고, 나도 없고, 너도 없으며, 옳고 그름도 존재하지 않는다고 여긴다. 따라서 깨달음을 '공의 차원'으로 이해하는 사람들이 생겨난다.

그러나 이러한 사고방식 자체가 분별의 산물이다. 공이라는 개념은 분명히 색의 반대 개념이다. 색의 세계인 현상계에서는 수없이 많은 갈등과 시비분별이 일어난다.

반면, 공의 세계에서는 이러한 모든 것이 사라진다. 그러므로 일부 수행자들은 시비분별이 없는 텅 빈 세계를 진리라고 착각하는 것이다. 하지만 이러한 사고방식 이야말로 또 다른 시비분별일 뿐이다.

절대성은 상대적인 개념과 대립되는 것이 아니다. 절대에 대한 기초적인 개념이 정립되지 않으면, 아무리 많은 공부를 하고 온갖 체험을 한다고 해도 근본적으로 오해하게 된다. 절대는 상대적인 것과 대비되는 개념이 아니다.

상대적인 세계를 벗어난 공(空)의 상태가 절대가 아니며,

깨달음 역시 어떤 특정한 상태를 의미하지 않는다.

절대성은 공(空)과 색(色)을 초월하는 개념이다.

분별이 소멸하는 것이 아니라, 분별이 본래부터 실체가 없었다는 것이다. 이러한 관점을 명확히 하지 않으면, 수행을 통해 진리를 깨닫는 것이 아니라, 수행이라는 과정 속에서 오히려 또 다른 착각을 만들어낼 뿐이다.

많은 구도자들은 깨달음을 목표로 설정한다. '언젠가 나는 무아(無我)를 깨닫게 될 것이다.' '지금은 아니지만 수행을 계속하면 언젠가 그 경지에 이를 것이다.' 그러나 이러한 생각 자체가 무아의 진리를 가리고 있다.

깨달음은 어떤 목표가 아니다. 깨달음은 도달해야 할 어떤 곳이 아니다. 깨달음이란 처음부터 그 자리에 존재하고 있던 것이다.

진리는 우리가 새롭게 얻어야 할 무언가가 아니다. 진리는 이미 여기에 존재하지만, 우리가 그것을 가리는 '나'라는 개념에 집착하고 있을 뿐이다.

수많은 수행자들은 깨달음을 얻기 위해 명상을 하고, 경전을 읽고, 수양을 쌓는다. 그들은 마치 어떤 목표를 향해 달려가듯 무아(無我)에 도달하려 한다.

그러나 여기에는 근본적인 착각이 있다. 무아는 수행을 통해 만들어지는 것이 아니라 본래무아인 것이다.

즉, 무아가 되기 위해 노력한다는 생각 자체가 무아를 가리는 장애물이 된다. 수행을 통해 무아에 도달하려는 노력은 마치 지금 머리 위에 있는 하늘을 보기 위해 여행을 떠나는 것과 같다. 하늘은 어디에도 가지 않는다. 다만 우리가 그것을 보지 못하고 있을 뿐이다. 진리 또한 마찬가지다. 이미 존재하는 것을 깨닫기만 하면 된다.

그러면 사람들은 질문할 것이다. "그렇다면 수행을 할 필요가 없다는 것인가?" 그렇지 않다. 수행이 불필요한 것이 아니라, 수행을 '무아를 얻는 과정'으로 착각하면 안 된다는 것이다.

수행은 무아에 도달하는 과정이 아니다. 수행은 단지 무아를 가리는 불순물을 걷어내는 과정일 뿐이다. 마치 진리를 깨닫는 것은 새장 속의 새에게 문이 열리는 것과 같다. 문을 열어주면, 새는 자유로워진다.

수행은 자신이 이미 자유롭다는 것을 알아차리는 과정이다. 수행을 통해서 구속으로부터 벗어 나는것이 아니라, 본래 구속된 적이 없었음을 깨닫는 것이다.

진리는 깨달음을 얻는 것이 아니다. 진리는 애초부터 존재하고 있었다. 그것을 가로막는 허상들(나, 윤회, 업보, 영혼불멸, 사후세계 등의 관념)이 사라지는 순간 그 자리에서 드러나게 된다.

무아란, 갈고닦아 되는 것이 아니다.

본래부터 무아다.

맺는말

인류의 역사에서 종교는 오랜기간 동안 인간의 정신을 지배해 왔다.

양자물리학이 눈부신 성과를 올리고 있는 21세기에도 여전히 종교는 많은 사람을 끌어당기며 건재함을 과시하고 있다.

19세기 프랑스 철학자이며, 최초의 사회학자로 인정받고 있는 실증주의 철학자 오귀스트 콩트는 20세기를 과학의 시대로 규정하고, 신화적 바탕 위에 쌓아 올린 종교의 종말을 예고했다.

그러던 그가 말년에 이르러서는 '인류교'라는 종교를 만들고, 많은 사람을 이끄는 종교지도자가 되었다. 코미디가 따로 없다.

이처럼 인간의 지성이란 나약하기 짝이 없다. 죽음의 공포 앞에서는 무기력해질 수밖에 없다.

20세기 대한민국 최고의 석학으로 불리던 이어령 선생은 지식인으로서 무신론적 견해를 가지고 살았다. 그런데 말년에 커다란 시련이 닥쳤다. 너무도 사랑하는 딸이 젊은 나이에 위암 말기 판정을 받고 투병 생활을 하다가 결국 세상을 떠난 것이다.

그 딸은 목사였고 살아생전 아버지를 신앙의 길로 인도하고자 애를 썼지만 빛나는 지성으로 무장한 아버지를 결코 전도할 수 없었다.

그러나 이어령 선생이 평생 쌓아 올린 그 견고한 이성적 판단도 딸의 죽음 앞에서는 아무 소용이 없었다. 죽어서 딸을 만나기 위해 결국 신앙인의 길로 들어섰다.

20세기에 들어서면서 현대 물리학의 시발점이라고 할 수 있는 아인슈타인의 특수 상대성원리가 발표되었고, 인류의 과학적, 철학적 사유방식에 대변화가 일어났다.

그로부터 100년의 세월이 더 흐른 지금, 콩트의 예견은 반은 맞고 반은 틀렸다.

과학은 눈부신 발전을 했지만, 종교는 망하지 않고 여전히 성행하고 있다. 그 이유는 콩트가 말년에 몸소 보여주지 않앉던가. 삶에 대한 욕망과 죽음에 대한 두려움은 과학적 지성으로 해결할 수 있는 문제가 아니기 때문이다.

참된 구도자라면 그 어떤 어려움이나 유혹이 닥쳐와도 무릎을 꿇어서는 안 된다.

20세기의 마지막 붓다인 니사르가다타 마하라지 선생이 항상 강조하던 말이 있다. "진실은 진실로, 거짓은 거짓으로 있는 그대로 보라" 토끼는 토끼로, 토끼뿔은 토끼뿔로 있는 그대로 봐야 한다.

본래 있지도 않은 토끼 뿔을 상상으로 만들어 놓고 진실이라고 우겨선 곤란하다. 이 세상의 모든 종교는 토끼 뿔을 진짜로 존재한다고 우기는 집단들이다.

사람들은 그 안에서 위로받고 에고를 충족시키며 죽음에 대한 두려움에서 벗어나기도 한다. 그런 사회적 기능이 있다고 해서 토끼 뿔이 존재하는 것은 아니다. 진리가 드러나기 위해선 오직 순수하게 가야 한다.

인도의 위대한 지도자인 마하트마 간디는 조국의 독립을 위해 자신의 모든 것을 바쳐 헌신했다. 하루라도 빨리 인도가 자유롭기를 원했지만, 무기를 들고 싸우지 않았다. 그런

방법은 수많은 사람을 죽음으로 몰고 간다는 사실을 잘 알고 있었기 때문이었다.

그래서 느리지만, 포기하지 않으면 결국 성공할 수 있는 무저항, 비폭력의 길을 선택했다. 주변의 과격 주의자들은 그를 원망하고 비난하였지만 간디는 이렇게 말했다.

"방향이 틀리면 속도는 아무 의미가 없다."

이 말은 진리를 추구하는 구도자들에게 더 필요한 이정표라고 할 수 있다.

윤회나 사후세계를 믿고 싶은 것은 에고의 달콤한 속삭임일 뿐이다. 그 유혹에 속아 끌려가면 영영 진리를 만날 수 없게 된다.

석가모니 부처님이 우리에게 가리키신 방향은 무아연기뿐이다.

대승불교의 가장 중요한 경전 중에 으뜸인 금강경에서 핵심 단어 두 개만 뽑으라고 한다면 단연코 즉비(卽非)와 시명(是名)을 들 것이다.

금강경 사구게는 바로 이 즉비와 시명을 명쾌하게 시로 표현하였다.

첫 번째 사구게

범소유상(凡所有相)

개시허망(皆是虛妄)

약견제상비상(若見諸相非相)

즉견여래(卽見如來)

무릇 상이 있는 것은

모두 허망한 것이다

모든 상이 실체가 없음을 본다면

곧 여래를 보리라

두 번째 사구게

불응주색생심(不應住色生心)

불응주성향미촉법생심(不應住聲香味觸法生心)

응무소주(應無所住)

이생기심(而生其心)

응당 형색에 머물지 않고 마음을 내야 한다

마땅히 소리, 냄새, 맛, 느낌, 생각, 감정에

머물지 아니하고 마음을 내야 한다

모름지기 집착함이 없이 마음을 내야 한다

세 번째 사구게

약이색견아(若以色見我)

이음성구아(以音聲求我)

시인행사도(是人行邪道)

불능견여래(不能見如來)

형색으로 나를 보려 하거나

음성으로 나를 찾지 마라

잘못된 길로 가는 사람은

결코, 여래를 볼 수 없다.

네 번째 사구게

일체유위법(一切有爲法)

여몽환포영(如夢幻泡影)

여로역여전(如露亦如電)

응작여시관(應作如是觀)

드러난 모든 것들은

꿈, 환영, 물거품, 그림자 같고

이슬과 번개 같으니

응당 이처럼 바로 보아야 한다.

이 모든 가르침을 전부 용광로에 집어넣고 단 하나의 단어로 빚어낸다면 그것은 바로 무아이다. 이 무아라는 한마디에 모든 비밀을 풀 수 있는 만능키가 들어있다.

그러나 지금의 불교는 심각하게 왜곡되어 있어 이렇게 단순한 무아를 제대로 이해하지 못하고 있다.

성불이라는 말의 뜻은, 내가 이 몸과 마음을 열심히 갈고 닦아 전생으로부터 쌓아온 업보를 다 씻어 한 티끌도 없는 청정한 상태를 만들어야 부처가 된다는 것이다.

인간을 비롯한 모든 존재는 오온의 임시 결합으로 생하여 상호작용에 의해 연기적 존재로 유지되다가 결국 멸해서 흩어져 버리는, 주체가 없는 허상체라는 것이 부처님이 깨달은 무아다.

업을 짓는 주체도, 윤회할 주체도, 깨달아서 성불할 주체도 없다는 것이다.

이것이 즉비성불(即非成佛) 시명성불(是名成佛)이다.

부처님은 목숨 걸고 갈고닦아 깨닫지 않았다. 그저 갈고닦을 놈도, 깨달은 놈도 없다는 것을 깨달았을 뿐이다.

깨달아야 무아인 것이 아니라, 본래무아다.

뤼르키예의 수도인 이스탄불에 가면 성 소피아 대성당이 있다.

이 건물은 비잔틴 양식으로 지어졌으며 아름다운 성당이다. 로마 바티칸의 성베드로 성당이 지어지기 전까지 가톨릭의 대표적 성당이기도 하였다.

그러나 로마가 오스만 제국에게 정복당한 후 이슬람 예배당인 모스크로 개조되었다. 한 건물에 가톨릭 양식과 이슬람 양식이 함께 공존하고 있는 것이다.

역사를 알고 보면 소피아 대성당의 기괴한 모양을 이해할 수 있다. 이것은 마치 부처님의 깨달음인 무아연기와 힌두교의 대표 사상인 유아윤회가 공존하고 있는 현재의 불교 모습처럼 보인다.

인류는 너무 오랜 세월 동안 종교에 속아 눈앞에 있는 진실도 제대로 보지 못한 채 살아왔다. 이제는 깨어나야 한다.

우리가 사는 21세기의 과학은 그동안 장막에 가려져 있던 우주의 비밀을 하나씩 걷어내면서 진실에 바짝 다가서고 있다.

언제까지 토끼 뿔을 실체라고 우기며 살 것인가?

어리석음은 외부에서 오는 것이 아니다.

내면의 욕망과 두려움이 만들어내는 허깨비이다.

자신을 둘러싸고 있는 온갖 욕망과 두려움을 가만히 내려놓기만 하면 순수의 빛이 우리를 올바른 진리의 길로 인도할 것이다.

부처님이 전하신 참된 진리는 아무리 왜곡시켜도 결코 사라지지 않는다.

다만 감추어질 뿐이다.

21세기가 시작되던 해에 한 달 동안 인도를 여행한 적이 있다. 벌써 25년이라는 세월이 흘렀으니 기억은 흐려졌지만, 40도가 넘는 날씨만큼이나 인도의 첫인상은 강렬했다. 그런 환경에서도 환한 미소를 잃지 않고 산다는 것이 참으로 신기했다.

인구가 전 세계에서 가장 많은 나라로, 중국을 제치고 세계 1위에 등극했다고 좋아하는 나라가 바로 인도다. 그들이 섬기는 신의 숫자만 3억 3천만에 달한다고 한다.

그들은 모두 신을 섬기며 살고 있기에 행복하다고 했다. 더 나은 다음 생을 간절히 소망하면서 매일매일 기도하기도 한다.

얼마나 신을 광적으로 섬기는지 해마다 종교행사를 거행하다가 수백 명씩 죽었다는 소식이 들려온다. 그래도 그들은 슬퍼하거나 원망하지 않는다.

온 몸과 마음을 바쳐 신을 경배하다 죽었으니 더 나은 다음 생으로 환생한다고 굳게 믿기 때문이다.

연꽃은 더러운 연못에서 피어난다고 한다. 무지와 맹신의 최고봉인 힌두교의 나라 인도에서 석가모니는 무아연기라는 꽃을 피워냈다.

이 꽃은 결코 시들지 않는 영원한 꽃이다.

2600년이라는 장구한 세월을 건너 시공간을 초월한 채, 지금 여기 동방의 끝자락에서 눈부신 자태를 드러내고 있다.

눈 밝은 사람은 무아연기의 참뜻을 알아볼 것이다.

부록

윤회는 없다 특강

불교계에서 윤회는 오래된 골치거리이다. 21세기에 들어서면서 양자역학의 눈부신 발전으로 인해 부처님의 무아연기설이 과학적으로 증명되었다. 그에 반해 윤회설이 얼마나 비과학적이고 맹신적인지 드러났다. 그동안 윤회에 관한 강의를 10시간 넘게 했다. 그 중에서 과학의 관점을 따로 정리해서 실었다. 분문과 중복되는 점은 있으나, 강의 형식은 날 것 그대로를 생동감 있게 더 쉽고 자세하게 설명할 수 있는 장점을 가지고 있다.

❀ 양자역학은 무아연기를 모르면 결코 이해할 수 없다

지금 과학계에서 놀라운 일이 펼쳐지고 있습니다. 석가모니 붓다가 오로지 있는 그대로의 알아차림만으로 깨달은 무아연기에 대해서, 양자역학이 과학적으로 설명을 해주고 있습니다. 아인슈타인의 상대성 원리는 현상세계에 드러난 법칙만 가지고 설명했기에 진리를 설명하기에는 조금 모자란 점이 있었습니다.

그런데 이 양자역학은 완전히 근본적인 연기법칙을 설명하고 있습니다. 양자역학이 가장 놀라운 것은 바로 이것입니다. 이 양자역학이라는 것은 아주 작은 미시세계를 연구하는 것입니다. 아인슈타인까지의 과학은 거시세계였습니다. 그런데 이 양자역학은 원자를 연구하는 미시세계입니다.

이 원자라고 하는 것은 최소의 기초 단위를 말합니다. 이 우주의 물질 가운데 가장 작은 단위를 원자라고 합니다. 그 최소 단위인 원자를 연구해 보니까 미시세계에는 개체성이 없었습니다. 물질로 드러난 것들은 다 개체성이 있어야 합니다. 그러니까 이것이 만약에 입자라면 플러스든 마이너스든 둘 중에 하나여야 된다는 겁니다.

원자의 세계에서는 그 안에 플러스 마이너스를 동시에 갖고 있다는 겁니다. 이 하나의 원자 안에 그냥 두 개가 다 들어 있는 겁니다. 그러니까 개체성이 없습니다.

　빛이라고 하는 것도 처음에는 이걸 입자라고 생각해서 광자라고 불렀습니다. 입자라는 것은 독립성을 갖고 있다는 뜻입니다. 그런데 연구를 하다 보니까 빛이 파동이라는 것을 알아냈습니다. 파동이라는 것은 개체성이 없다는 뜻입니다.

　이중슬릿 연구라는 것이 있는데 그것을 통해서 실험해 보면 알 수 있습니다. 이중슬릿 실험이라는 것은 벽에다가 두 개의 통로를 만들어 놓고 입자를 쏘면 벽에 부딪히는 입자는 통과 못하고 튀어나옵니다. 입자는 알갱이 하나가 그대로 가는 것이니까 가다가 열린 구멍으로만 통과하고, 막힌 것은 당연히 통과 못하고 튀어나오게 됩니다.

　그렇게 통과시킨 후에 벽면을 확인해 보면 그 구멍으로만 통과한 자국이 있는 겁니다. 그런데 파동은 통로로만 통과하는 것은 같지만 파동의 성질은 하나의 독립된 개체가 아니니까 나아가다가 벽에 막혔을 때는 뚫지 못하고 통로로만 들어가게 되지만, 그 통로를 빠져나오면 다시 옆으로 퍼져버리는 겁니다. 그렇게 되면 입자와 달리 그 뒷면 벽에 간섭무늬라는 것이 생기게 됩니다.

파동이 빠져나와서 퍼지고 빠져나와서 퍼지니까 직접 통과한 곳은 더 진하고, 직접 통과하지 못하고 퍼진 쪽은 조금 흐리지만 어쨌든 빛이 전체에 퍼져서 분포되어 있다는 겁니다.

그러니까 이게 입자냐 파동이냐의 차이는 개체성을 갖고 있느냐, 아니면 개체성이 없이 그냥 통째로 있느냐 이 차이입니다. 양자역학이 지금 어디까지 밝혀냈느냐면 빛이 처음에는 입자라고 생각했는데 실험을 해보니까 파동이더라는 겁니다.

그런데 계속 연구를 해 보니까 빛은 입자이면서 파동이라는 이중성의 성질을 가지고 있다는 사실을 밝혀냈습니다. 이 양자세계에서는 전부 그렇게 구성되어 있다는 겁니다. 이중슬릿 실험을 할 때 빛으로 하는 것과 원자로 하는 것의 결과가 똑같이 나온다는 것입니다.

여기서 놀라운 사실이 뭐냐 하면 이 원자들이 물질 세계가 되려면 개별성으로 이루어져야 한다는 것입니다.

수소를 예로 들면 하나의 입자로 개체화됐을 때 수소라는 이름을 붙여줄 수 있는 겁니다. 기본 입자가 수소니까 물도 수소 두개에 산소 하나로 구성되어 있을 때, 물이라는 물질인 것입니다. 이렇게 개별성을 가져야만 물질화될 수 있다는 겁니다.

그런데 그 성질을 보니까 이게 파동이기도 하고 입자이기도 하고 이러면 도대체 어느 때 파동이고 어느 때 입자냐? 그래서 과학자들이 그걸 또 오랜 시간 연구를 한 겁니다. 그렇게 해서 드디어 조건에 따라서 달라진다는 것을 알아냈습니다.

이중슬릿에 원자를 쏠 때 아무도 관찰하면 안 됩니다. 그냥 그 자체로 순수하게 진공 상태에서만 쏘는 겁니다. 그러면 파동이 되는 겁니다. 개체성이 없습니다.

그런데 그 상태를 누가 관찰을 하게 되면 어떻게 될까요? 그러니까 관찰을 한다는 표현은 진공 상태가 아니라는 겁니다. 입자로 나타나는 겁니다. 관찰자가 있어야만 이것이 하나의 입자, 하나의 물질, 하나의 현상이 될 수 있습니다. 이것이 양자역학이 밝혀낸 우주의 신비인 상호작용입니다.

모든 존재는 상호작용할 때만 인식이 되는 것입니다. 이것이 지금 우리가 상상할 수 있는 범주가 아닙니다. 사실은 숨어 있는 뜻이 더 엄청나다는 겁니다. 우리는 지금 이 세상을 이렇게 항상 끊임없이 존재하고 있다고 생각합니다. 이것은 실재하는 세상이라고 생각하고 있습니다.

그런데 양자역학이 밝혀낸 바에 의하면 이 세상을 지금 보고 있기 때문에 이 세상이 이런 모습으로 존재한다는 겁니다.

보는 관찰자가 없으면 아무것도 존재하지 않는다는 겁니다. 그냥 파동만 있다는 겁니다. 그 파동은 개체성이 없이 전체가 통째로 있다는 겁니다. 이것이 바로 부처님의 깨달음인 무아라는 것입니다.

지금 이 컵이라고 하는 개체성을 인식하고 있습니다. 그런데 사실은 우리가 인식하고 있어서 이것이 컵이라는 개체성이지 인식이 안 되면 이것은 그냥 개체성이 없는 파동이라는 겁니다. 그렇다면 컵이 실제로 존재한다고 말할 수 없는 것입니다. 우리가 인식할 때만 이것이 컵이 되는 겁니다.

석가모니 부처님이 2600년 전에 깨달은 무아연기를 현대의 천재들이 총동원돼서 수백 년 동안 연구를 한 결과 지금 21세기에 와서야 증명하기 시작했다는 것입니다.

그러니까 무슨 영혼이 왔다 갔다 한다거나, 업식이 왔다 갔다 한다는 이런 말도 안 되는 소리를 할 때가 아닙니다.

지금 과학에서는 인식을 안 하면 그건 존재가 아니라는 겁니다. 인식을 할 때만 이것이 존재라는 것입니다. 그것도 주체가 없는 존재라는 겁니다. 그런데 문제는 이렇게 어마어마한 걸 밝혀냈음에도 진짜 무아연기의 핵심적인 것은 아무도 모르고 있습니다.

그것은 노벨 물리학상을 받은 과학자들도 모릅니다. 이것이 얼마나 어마어마한 진리인지 알 수가 없습니다. 그것은 깨달아야만 무아연기의 그 핵심을 알 수 있기 때문입니다.

그럼에도 불구하고 우리들은 정말 행운입니다. 석가모니 붓다가 깨닫고 가르쳐준 이 무아연기를 그냥 막연하게 비유를 통해서가 아니라 실질적인 과학적 입증을 통해서 확인할 수 있게 되었으니 이것이야말로 얼마나 행운입니까?

석가모니는 당시에 과학이 없어서 무아연기를 설명할 때 볏짚단을 가지고 설명했습니다. 벼를 추수하면 말려야 하니까 묶어서 볏짚단을 2개씩 서로 기대어 놓습니다. 석가모니가 바로 이걸로 무아연기를 설명하신 겁니다.

볏짚단이 서로 기대어 있다가 하나가 툭 쓰러지면 나머지 하나는 어떻게 될까요? 나머지 하나도 서 있을 수가 없어서 쓰러지게 됩니다. 바로 이것이 연기법칙입니다. 하나가 쓰러지면 나머지도 쓰러진다는 것입니다.

그런데 윤회설은 육체와 영혼이 함께 있다가 육체는 없어져도 영혼은 그대로 존재한다는 주장인데 그런 건 없습니다.

이 세상은 상대성의 원리로 유지되기 때문에 모든 것은 이렇게 연기적으로 쌍생쌍멸하는 겁니다. 이것이 볏짚단의 비유입니다. 아주 원시적이고 단순한 비유지만 이 안에 엄청 놀라운 비밀이 들어 있습니다.

말을 바꿔서 남자와 여자로 설명해 보겠습니다. 이 두 개가 서로 의지하고 있는데 남자가 사라지면 여자는 어떻게 되겠습니까? 남자가 없어져도 여자는 그대로 존재한다고 말하면 멍청한 겁니다.

남자라고 하는 개념은 여자라고 하는 개념과 함께 있는 것입니다. 남자라는 개념이 없는데 여자라는 개념이 어떻게 홀로 있을 수 있습니까? 이것이 상대 세계의 비밀입니다. 상대적 개념이라고 하는 것은 개념조차도 홀로 존재할 수가 없다는 것입니다. 쌍으로 존재할 뿐입니다.

그러니까 실존적으로 생각하면 안 됩니다. 남자를 실체로서 실존하는 것으로 보면 남자는 죽어도 여자는 계속 존재한다고 착각하는 것입니다. 남자라고 하는 개념이 사라지면 여자라고 하는 개념조차도 의지할 데가 없습니다.

여자라고 하는 개념은 반드시 남자라는 개념이 있을 때에만 상대적 개념으로 존재할 수 있습니다. 그런데 반대쪽 개념이 없어져 버리면 나머지 반대쪽 개념은 자동 폐기돼 버리는 것입니다.

홀로 있을 수가 없는 것입니다. 지금 부처님의 볏짚단 비유가 바로 그런 것입니다. 거기에는 어마어마하게 심오한 뜻이 담겨 있습니다. 모든 것을 다 이렇게 적용해 보면 단순한 그 고대 사회에서 이 연기법칙을 설명하는 유일한 방법이 바로 볏짚단의 비유였는데, 이것이 얼마나 깊은 뜻을 가지고 있는지 알 수 있는 겁니다.

그런데 21세기는 이 쌍생쌍멸과 연기법칙을 과학적으로 설명해 주고 있는 겁니다. 몇몇 과학자는 양자얽힘이라고 하는 현상을 실험을 통해 검증하여 2022년에 노벨 물리학상을 받았습니다. 노벨 물리학상을 받았다는 것은 과학적으로 증명이 됐다는 뜻입니다.

그러니까 이제 우리는 이 과학적 성과를 믿어도 됩니다. 왜냐하면 이건 검증된 것이기 때문입니다. 그냥 철학자들처럼 머리로만 추리하는 것이 아닙니다. 과학은 입증된 것만 인정을 하는 것입니다.

그러면 현대과학에서는 석가모니 붓다의 이 연기법칙과 쌍생쌍멸을 어떤 식으로 입증하고 설명을 하고 있는지 살펴보겠습니다.

양자중첩이라고 하는 것은 하나의 입자 안에 플러스 마이너스가 함께 들어가 있는 상태를 말합니다. 요즘은 컴퓨터를 사용해서 0과 1이라고 하는 부호로 많이 설명을 합니다. 그런데 이것은 똑같은 겁니다.

입자 하나에 음과 양이 함께 다 들어 있는 것을 중첩 상태라고 합니다. 그런데 일반적으로 이 현상세계에 이렇게 드러난 것들은 음과 양이 중첩된 상태가 없습니다.

상대성 세계이기 때문에 우리는 이 현상세계에 드러나는 순간 상대성의 한쪽으로만 드러날 수 있기 때문입니다.

그러니까 우리가 인간으로 태어나는 순간 남자든 여자든 둘 중에 하나의 상태로 태어나는 겁니다. 반쪽은 남자, 반쪽은 여자 이렇게 태어나는 것이 없단 말입니다.

그것이 이 상대 세계의 법칙인 겁니다. 드러나는 순간은 음이든 양이든, 플러스든 마이너스든 하나로 결정이 난다는 겁니다.

그런데 문제는 이렇게 양자, 전자, 광자 같이 아주 미세한 존재들은 중첩이 되어 있다는 겁니다.

이것은 굉장히 중요한 말입니다.

플러스와 마이너스, 음과 양이 중첩돼 있다면 거기에는 개체성이 없으므로 현상세계에 드러날 수 없다는 뜻입니다.

이것이 정체성이고 개체성이며 개별성입니다. 그런데 양자세계에는 플러스 마이너스 즉 음양이 함께 들어 있는 겁니다. 그럼 개체성이 있다는 겁니까? 없다는 겁니까? 없다는 것입니다.

리차드 파인만이 "우주는 그냥 원자로 이루어져 있다." 라고 말했습니다. 가장 기본 단위를 우리는 원자라고 합니다. 그런데 파인만은 이 우주는 인간과 동물과 광물 뭐 이런 다양한 것으로 이루어져 있다고 말하지 않았고 그냥 가장 기본적인 단위인 원자로 이루어져 있다고 표현했습니다. 과학자로서 할 수 있는 가장 근본적이고 가장 진리적인 표현을 한 것입니다.

원자는 중첩된 상태이기 때문에 개체성이 없는데 그것이 어떤 작용에 의해서든 이렇게 하나의 물질로 나오게 되면 개체성이 되는 것입니다. 그 원자가 상호작용을 통해서 이 세상에 인식되어지는 물질로 튀어나오는 순간에 개체성이 주어지는 겁니다.

플러스든 마이너스든 둘 중에 하나가 되어 인식되는 거고, 음이든 양이든 둘 중에 하나가 되어 인식되는 거고, 남자든 여자든 둘 중에 하나가 되어 인식되는 겁니다. 여기서 우리는 명확한 진리 하나를 확인할 수가 있습니다.

인식이 되어졌다는 것은 상대성의 한쪽으로 결정됐다는 것입니다. 인식이라고 하는 것은 인식자와 인식 대상이라는 서로 상반되는 조건이 맞아떨어질 때 가능하기 때문입니다. 인식자가 없으면 인식 대상이라는 것도 있을 수 없습니다. 이것이 상대 개념입니다.

앞에 있는 것이 책상이라는 것을 어떻게 알 수 있을까요? 인식을 했으니까 알 수 있습니다. 인식자가 없으면 인식되어지는 대상이라는 것은 없습니다.

반대로 이 인식 대상이 없으면 인식자 라는 것도 없습니다. 이 두 개는 서로 상대성의 개념입니다. 인식자가 없으면 인식 대상도 없고 인식 대상이 없으면 인식자도 없습니다.

아인슈타인도 이 양자역학을 못 받아들였습니다. "신은 주사위 놀이를 하지 않는다"라고 말하면서 끝까지 반대를 했습니다.

아인슈타인이 이루어낸 최대의 업적인 상대성 원리까지만
해도 거시 우주를 연구하는 과학이었단 말입니다. 그런데 양
자역학은 미시세계를 다루는 과학입니다. 광활한 우주를 바
라보는 거시 과학에서는 도저히 이해도 안 되고 용납도 할 수
없는 일이 벌어지는 겁니다.

'현상세계는 시간과 공간이라고 하는 부정할 수 없는 진리
를 통해서 실제로 펼쳐지고 있다.' 이것이 아인슈타인의 생각
이었습니다. 그것을 바탕으로 아인슈타인이 상대성 원리도
발표했단 말입니다.

상대성 원리 연구의 중심이 바로 광속입니다. 광속을 기준
으로 많은 과학적 성과를 이루어 냈습니다. 평생을 시간과
공간이라고 하는 틀 속에서 연구를 했던 것입니다.

그런데 양자역학은 이 시간과 공간을 부숴버리는 과학입
니다. 그러니까 어떻게 받아들일 수가 있겠습니까? 우리가
볼때 이 우주는 명확하게 시간과 공간에 적용을 받고 있습
니다.

그런데 이것을 무시할 수 있을까요? 시간과 공간의 개념을
버릴 수 있을까요? 우리의 인식 체계는 시간과 공간이라고
하는 인식 체계를 기반으로 해서 모든 것들을 인식하고 판단

하고 있는데 말입니다.

그런데 이것이 부서지면 어떻게 될까요? 대혼란이 일어나는 겁니다. 이중슬릿 실험을 통해서 우리는 중요한 사실을 알 수 있게 되었습니다. 관찰자가 개입하지 않으면 파동이고, 파동이라고 하는 것은 개체성을 갖고 있지 않아서 중첩 상태라는 겁니다.

그런데 관찰자가 개입하는 순간에 관찰자와 관찰 대상이라고 하는 상대성의 개념이 조건화되면서 파동이 하나의 입자가 됩니다.

그래서 지금 양지역학에서 인간을 비롯한 우주 선제가 존재하는 것은 상호작용에 의해서라고 합니다. 인식자가 없으면 이 우주도 없습니다.

시간도 마찬가지입니다. 시간이라는 것이 3차원 공간을 타고 일직선으로 1차원적으로 흐른다고 생각하고 있지만 시간은 그냥 상호작용일 뿐입니다.

내가 인식했을 때 시간이 작동한다는 것입니다. 내가 인식하지 않으면 시간은 작동하지 않습니다. 그러면 시간이 있다는 겁니까? 없다는 겁니까? 내가 인식하지 않으면 시간도 없다는 겁니다.

그럼 공간은 있을까요? 공간도 없는 겁니다. 그러면 이 우주는 있을까요? 우주도 없는 겁니다. 내가 인식하지 않으면 이 우주는 없는 겁니다.

내가 태어나기 전에도 우주는 있었고 심지어 138억 년의 역사를 가졌는데 없다고 하니까 이해를 할 수가 없습니다. 양자역학에서는 이걸 다른 관점으로 보는 겁니다. 인식하지 않으면 이 세상은 없습니다.

김춘수 시인은 꽃이라는 시에서 이렇게 말합니다. "내가 그의 이름을 불러주었을 때 그는 나에게로 와서 꽃이 되었다." 이것이 상호작용이고 부처님이 말씀하신 연기작용입니다.

"이것이 생하면 저것이 생하고 이것이 멸하면 저것도 멸한다." 관찰자가 있어야 관찰 대상이 있고 관찰자가 없으면 관찰 대상도 없습니다. 내가 이 우주를 인식하지 않으면 이 우주는 없는 겁니다.

이 우주는 138억 년 전부터 빅뱅에 의해서 생겨나서 지금까지 흘러왔고 앞으로 몇 백억 년 후에는 멸한다고 합니다. 현상세계의 메커니즘으로 보면 맞는 말입니다.

그러나 진리적인 입장에서 보면 그것이 아니라, 내가 인식하기 때문에 이 우주가 있다는 겁니다. 내가 사라지면 이 우주도 사라집니다. 인식자가 사라지면 인식 대상인 우주도 사라지는 겁니다.

내가 태어나기 전에 우주를 인식했습니까? 태어난 후에 이 우주를 인식한 것입니다. 우주도 내가 태어났을 때 그때 같이 생한 겁니다. 관찰자로서의 나와 우주가 그때 동시에 생한 것입니다.

그래서 함께 존재하다가 언젠가 죽을 때 그 멸하는 순간 우리가 인식하고 있었던 이 우주도 함께 사라지는 겁니다. 하나의 존재가 생힐 때 그 우주도 생하고, 하나의 손재가 멸할 때 그 우주도 멸하는 겁니다.

그러면 우리들이 인식하고 있는 이 우주는 실재일까요? 아니면 우리들의 의식에 투영된 인식작용일까요? 인식작용일 뿐입니다. 그런데 인식이 되니까 이것을 실체라고 착각하고 있는 겁니다.

현상적인 우주는 태어나서 이렇게 유지하다가 언젠가 멸하는 그런 과정이 있습니다. 그렇다면 이 우주는 몇 백억년을 존재하는 우주일까요? 아니면 인간의 나이 몇 십년의 우주일까요? 몇 백억년이든 몇년이든 그냥 개념입니다.

실제로는 그냥 찰나입니다. 찰나는 시간의 개념이 없습니다. 찰나의 반대 개념은 영원입니다. 영원이라는 개념에 시간이 작용을 할 수 있을까요? 영원이라는 개념에도 시간이 없습니다. 그래서 찰나가 영원입니다.

거기에는 시간을 측정할 수 있는 단위가 없습니다. 찰나, 영원 이런 것들은 우리가 현상세계에서 인식할 수 있는 그런 개념들이 아닙니다.

우리가 시간과 공간이라고 하는 이 개념의 울타리에 갇혀서 몇 년이니 몇 시간이니 따지고 있지만 사실은 시간이나 공간이라고 하는 개념은 우리가 인식을 하기 위해서 만들어낸 것입니다.

본래는 없는 것입니다. 그런데 아인슈타인도 그 시간에 속았다는 겁니다. 카를로 로벨리라는 과학자가 쓴 책을 보면 "시간은 흐르지 않는다."라고 말합니다.

우리는 시간이 당연히 과거 현재 미래의 일직선으로 흐른다고 생각하는데, 양자역학을 연구하는 과학자들은 시간은 흐르는 것이 아니라 우리가 그렇게 인식할 뿐이라고 말하고 있습니다.

그러면 왜 시간이 실제로 있는 것이 아님에도 우리는 직선

평면 높이의 3차원의 공간을 설정해 놓고 그 3차원의 공간을 시간이 1차원적으로 흐른다고 생각하는 것일까요? 인식하기 위해서 그런 것입니다.

이런 시간과 공간의 개념이 없이는 아무것도 인식할 수가 없습니다. 공간이 없는데 이런 물건들이 어떻게 있겠습니까? 또 공간은 있는데 시간이 없으면 이 우주는 정지된 상태입니다. 정지된 상태는 죽은 것과 같으니까 인식이 안 되는 겁니다.

그래서 시간과 공간이라고 하는 개념은 무엇인가를 인식하는 데 있어서 필수적인 개념이라는 겁니다. 그런데 우리는 이 공간과 시간을 늘 느끼면서 살고 있습니다. 그러니까 이것을 진짜라고 믿는 겁니다.

이 착각을 깨부셔주는 것이 바로 꿈입니다. 우리가 밤에 자다가 꿈을 꿀 때는 현상세계에서 벌어지고 있는 사건이나 존재들이 그대로 다 나타납니다. 그리고 꿈을 꾸는 동안에는 의심할 여지없이 진짜라고 받아들입니다.

그런데 꿈을 깨고 나서 보면 내가 꾸었던 그 꿈의 세계, 지금 현실과 똑같은 그런 생생한 세계, 거기에 있었던 집과 사람과 도시와 산과 바다는 다 어디로 갔을까요? 실제로 생했다가 멸한 것이 아니라 의식 안에서 생했다가 의식 안에서 멸한 것입니다.

이처럼 지금 우리가 인식하고 있는 이 세상도 의식 안에 투영되었다가 꿈을 깨는 순간 사라지는 개념적 허상에 불과한 것입니다. 지금 우리는 이 현상세계의 꿈에 들어 있는 겁니다.

그러니까 지금 느끼는 공간과 시간을 부정할 수가 없는 것입니다. 우리가 꿈을 꿀 때 그 꿈 속에는 그 상태가 진실이었던 것처럼 이런 메커니즘으로 반복되고 있다는 겁니다.

그런데 꿈을 깨는 순간 꿈이었다는 것을 아는 것입니다. 깨달은 사람이라는 것은 바로 그 꿈을 깬 상태입니다. 그래서 지금 꿈속에서 펼쳐지고 있는 이것은 실재가 아니라 본래성품이 의식을 통해서 펼쳐놓은 꿈이라는 것을 아는 것입니다.

시간과 공간이라고 하는 것도 실제로 있는 것이 아니라 의식이 만들어낸 것입니다.

이제 마지막으로 양자 물리학에서 순수진리를 추구하는 사람들에게 아주 굉장히 중요한 사실을 알려줬는데 그 부분을 살펴보겠습니다. 중첩 상태에서 인식하는 순간에 중첩의 상태가 깨지면서 플러스든 마이너스든 한 가지로 결정이 된다고 했습니다. 그렇게 결정이 되어져서 현상세계에 나오는 겁니다.

이것이 상대 세계의 메커니즘이라는 겁니다. 그러니까 리처드 파인만의 말처럼 우주는 원자로 이루어져 있고 그 원자는 어떤 개별적 개체성이라는 것이 없다는 것을 알 수 있습니다.

우주 전체가 그냥 통째로 원자로만 이루어져 있습니다. 그런데 그런 것들이 결합되고 화학 작용을 일으켜서 여러 다양한 형태의 물질로 튀어나오면서 하나의 고정된 존재로 이 현상세계에 나오는 것입니다.

그런데 세상에 나올 때는 개별성을 가지고 나옵니다. 그러나 혼자서 나올 수는 없습니다. 인식자가 없으면 인식이 되지 않기 때문입니다. 그러니까 이 우주는 인식자와 인식 대상이 상호작용하면서 존재하는 것입니다.

이것이 양자역학에서 밝혀낸 것입니다. 그러면 인식자는 계속 인식자일까요? 반대 입장에서 보면 인식 대상이 되어버립니다.

나와 너라는 개념도 똑같습니다. 내 입장에선 이것이 나고 저것이 넌데, 저쪽 입장에서는 저것이 나고 이것이 너입니다. 그런 것처럼 이 우주 안에서의 모든 인식작용과 상호작용은 쌍방 간에 서로 달라지게 되는 것입니다.

내가 인식자라고 느낀다고 해서 나는 언제나 변함없는 인식자라고 생각하면 이것은 아주 좁은 생각입니다. 나는 나를 인식자라고 설정하고 있지만 다른 사람이 볼 때에는 나는 인식자가 아닌 대상인 겁니다.

그러면 나는 인식자입니까? 인식 대상입니까? 전체를 통째로 보면 나는 인식자이면서 대상입니다. 이것이 동시성입니다. 나는 사실은 고정된 개별성이 없는 겁니다.

우리가 인식자면서 동시에 인식 대상이라면 중첩된 상태라는 겁니다. 둘 중에 하나인 상태처럼 착각하고 있는 것이지, 단 한 순간도 상대성의 한쪽으로만 존재한 적이 없었습니다.

우리는 현상세계에 드러나기 전이나, 드러난 후에도 중첩된 상태가 아닌 적이 없었습니다. 나는 항상 인식자이면서 동시에 인식 대상인 상태를 벗어난 적이 없습니다.

자기 자신을 이 개체의 정체성으로만 인식하고 있는 그 시비분별이야 말로 진정한 진리에 대한 이해를 방해하고 있는 겁니다. 우리는 태어나서 한 순간도 상대성의 반쪽으로 존재한 적이 없습니다.

언제나 우리는 중첩된 상태고, 언제나 우리는 통째인 근원적으로 그렇게 존재했습니다. 이것이 오늘날 양자역학이 순수진리를 과학적으로 뒷받침해주고 있는 놀라운 사실인 것입니다.

우리는 자신을 개체라고 착각하고 있는 겁니다. 우리는 이런 모습을 가지고 세상을 활보하고 있을지언정 단 한 순간도 개체인 적이 없습니다.

우주 전체가 중첩 상태를 벗어난 적이 없습니다. 우리 모두의 실체는 그냥 절대라는 겁니다. 절대는 나니 너니 어쩌고저쩌고 분별할 수 없습니다.

우리는 그 절대 상태를 단 한 순간도 벗어난 적이 없습니다. 이것이 석가모니의 무아연기론이고, 이것이 오늘날 양자물리학이 밝혀낸 우주의 본 모습이라는 겁니다.

인식할 때만 마치 분리된 것처럼 보이는 것이지 진짜로 분리된 것이 아닙니다. 우리가 세상을 이렇게 인식하고 있다고 해서 진짜로 세상이 분리된 것이 아니란 말입니다.

통째로 절대인데 절대가 어떻게 분리가 됩니까? 인식하기 위해서 그냥 분리된 것처럼 보이는 것입니다. 우주 안에 있는 원자가 수조 억 개가 되든 말든 아무 상관없이 개별성이 없기 때문에 그냥 통째로 하나입니다.

모든 만물이 다 원자로 이루어져 있습니다. 모든 물질을 근본적으로 관찰해 보면 그냥 원자 덩어리입니다. 그러니까 아무리 따져봐야 그냥 하나의 원자입니다. 윤회는 독립적으로 존재하는 고정된 나를 전제로 주장하는 거짓 개념입니다.

나라는 고정된 자아가 과거 현재 미래를 이어간다고 주장합니다. 그러나 양자역학은 고정된 자아란 존재할 수 없음을 증명하고 있습니다. 모든 것은 서로 연결되어 있으며 상호작용에 의해서만 존재할 수 있다고 말하고 있습니다.

그것은 마치 2600년 전 석가모니가 설파한 무아연기를 과학적 언어로 해설해 놓은 것처럼 동일하게 느껴집니다.

양자역학과 무아연기는 조금도 차이가 나지 않을 정도로 똑같습니다. 이제 무아연기만 이해하면 이 세상의 모든 종교적 문제, 철학적 문제, 과학적 문제는 전부 다 해결됩니다.

이것이 바로 석가모니의 위대한 깨달음입니다.